유머공화국의 웃음보 터진 대통령

편집부 엮음

太乙出版社

머/리/말

날이 갈수록 복잡해져 가는 현대 사회에서 점차 사라져가는 것이 과연 무엇일까? 그것은 곧 웃음이다.

세상이 점점 복잡해지다 보니까 여유있게 웃을 수 있는 시간조차도 별로 없다. 웃음이 없으니 자연히 사람의 마음이 허전할 수 밖에 없지 않은가!

우리는 웃음에 있어서 결코 인색해서는 안된다. 우리가 알아야 할 것은 울음이 슬픔만이 아니라 기쁨도 표시하는 것과 같이 웃음 또한 정반대되는 심적 상태에서도 일어날 수 있는 것이다. 그것이야말로 진정한 의미에서의 웃음이 아닐까. 말없는 이해의 웃음, 즉 회심의 미소란 오늘날 중국에서는 매우 존중되고 있다. 실제적으로 최고의 해학은 생각 깊은 웃음을 자아내는 것이다.

만일 우리가 인간이 아니라면 우리에겐 웃음이 필요 없을 것이다. 그러나 불행(?)하게도 우리는 인간으로 태어났기 때문에 비애와 비탄, 어리석음과 좌절감으로 차 있는 것이다.

이러한 고민의 문제에서 잠시나마 풀려날 수 있는 것이 웃음을 짓는 일이라고 생각한다. 결국 웃음이란 인간의 힘을 조절하는 청량제로서 발달해 온 것이다. 짜증스런 문제에서 풀려나 윤택한 인간생활을 권장하는 뜻에서 이 책을 펴낸다.

복잡한 고민에서 헤어나자! 심한 좌절감에서 벗어나자!

마냥 찌들었던 얼굴에 화사한 웃음을 짓자.

둥근 세상 둥글게 살아가는 슬기를 이 책에서 배우기 바랍니다.

풍자와 해학 유머 보따리

글/실/린/순/서

뜨거운 어느 여름날 / 17
엽기적인 버스기사 아저씨 / 18
도로 위의 고사성어 / 18
돈과 화장실의 사자성어 / 20
신장상담 / 20
남자의 쇼핑 / 21
사투리의 경제성 / 22
군대에서…… / 24
세대별 반응 / 25
앵무새와 아줌마 / 26
아기과자 베베 / 27
엽기 벼룩시장 / 27
컴퓨터를 위한 기도 / 29
화장실 명언 / 29
춤추는 원숭이 / 30
외국인이 길을 가다가…… / 30
한국인의 심의 등급 / 31
담배 필 때 심리변화 / 31
남자들이 군대 가야 하는 이유 20가지 / 32
엽기 할머니 / 35
봤어? / 36
아버지 자랑 / 37
아줌마가 아저씨보다 더…… / 38
나 드럼 배운다 / 38
전철에서…… / 39
공부 안하고 1등하는 법 / 40
우리나라에서 하지 말아야 할 것 다섯가지 / 41
신세대 퇴근 방법 / 41
지하철에서 있었던 일 / 41

풍자와 해학   유머 보따리

글/실/린/순/서

립스틱 / 42
학회실에서 생긴일 / 44
아프리카 여행 / 44
다불유시(多不有時) / 45
화장실의 진리들 / 47
맞긴 맞구만 / 48
세 여자 / 50
학과별 파리 죽이는 방법 / 51
해피야, 저리 가 / 53
벽 속의 공포 / 54
노처녀의 희망사항 / 55
자갈치 아지매의 영어 실력 / 56
직업별 거짓말 / 56
어떤 여자 이야기 / 57
무식한 남자 / 58
티코에 대하여 / 60
놀부가 기가 막혀 / 60
이런 거 해봤쑤? / 61
컴맹 이야기 / 63
식인종에 잡힌 여고생 / 64
경험있으신가요? / 64
거긴 배꼽이 아니잖아요 / 65
내기 / 66
물침대가 터졌어요 / 66
저녁밥 / 66
석고상 / 67
처녀로 태어나 처녀로 살다 처녀로 죽다 / 68
무시당한 귀신 / 68
할아버지의 관 / 69
미술가와 누드그림 / 69
인어공주 / 70

풍자와 해학   유머 보따리

글/실/린/순/서

다 되고 싶어요 / 70
수업시간에 생긴 일 / 71
딱한 장모 / 72
오십년 전의 사건 / 73
애주가 / 75
무사고 / 75
바쁜 이유 / 76
여지의 질투 / 77
뜻 깊은 묘비 / 78
자기 과시 / 78
내기 / 80
역사 / 81
과부의 욕심 / 82
도둑의 궤변 / 83
염라대왕 / 84
여자의 마음 / 86

확실한 성교육 / 70
양복점 주인 / 72
증명 / 73
뛰는 놈 위에 나는 놈 / 74
무서운 자 / 75
첫날 밤의 아이 / 76
모조품 / 76
산타 할아버지 / 77
거지의 대답 / 78
무전취식 / 79
얌체장사 / 80
대접 / 81
속임수 / 82
무능한 남편 / 84
오래 살기 싫어서 / 85
한 눈쯤 멀더라도 / 87

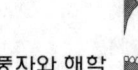

풍자와 해학   유머 보따리

글/실/린/순/서

만원은 싫어 / 87
하나가 둘로 / 88
고통을 알아야 / 89
애교있는 허풍 / 90
재치있는 대답 / 91
다시 한번 / 92
돈이 좋아 / 93
차용 증서 / 94
컴퓨터의 대답 / 96
어떤 예비 / 97
순했다 / 99
덤까지 / 100
친구들의 실망 / 103
마누라가 최고 / 104
의미있는 말 / 106
실험중 / 107

부전자전 / 88
미련한 사람 / 89
강태공 / 90
한다는 소리가 / 91
멋진 광고 / 92
출입구 / 93
막내 며느리 / 94
촌 수 / 95
녹슨 머리 / 96
어떤 앙갚음 / 98
깔본 것이 탈이다 / 99
생각의 차이 / 102
무조건 아니요 / 104
약속은 약속 / 105
급한 환자 / 106
아가씨의 의문 / 107

풍자와 해학   유머 보따리

글/실/린/순/서

스님의 거짓말 / 108	속마음은…… / 109
생명을 구하기 위해 / 109	말씨름 / 110
나는 살고 싶어 / 110	묘한 행운 / 111
이혼 사유 / 112	최후 진술 / 113
보 배 / 113	이득있는 장사 / 114
누굴 믿고 사나 / 114	죽기는 싫어 / 115
장인의 충고 / 116	무서운 여자 / 117
남녀의 대화 / 118	걱정이 되는 것은 / 118
튼튼한 침대 / 119	아빠는 낙제다 / 119
기분 나쁜 숫자 / 120	동문서답 / 121
팽팽한 적수 / 122	수면제 / 122
순서도 순서나름 / 124	임산부의 걱정 / 124
무식한 아버지 / 126	철없는 아들 / 126
염려마세요 / 126	말재주 / 127
사위의 언변 / 128	최고의 시집살이 / 128
게으른 부인 / 129	미역국을 먹는 이유 / 130

풍자와 해학 유머 보따리

글/실/린/순/서

발만 큰 주제에 / 131
멍청한 아우 / 132
아이들의 궤변 / 133
반죽음 / 134
중의 머리 / 135
두 과부 / 136
거울 / 138
공처가 / 139
달걀이 이유 / 140
그 남편과 그 아내 / 140
며느리 때문에 / 141
과부의 마음 / 142
졌다 / 143
불행중 다행 / 144
어떤 요구 / 145
어떤 여자 / 146

편 지 / 131
대장장이와 직공 / 132
짖궂은 남자 / 133
내가 어린앤가 / 134
여인과 머슴 / 135
노련한 기생 / 137
욕심 / 138
위대한 물건 / 139
깜찍한 딸 / 140
그래도 좋아 / 141
어떤 질문 / 142
돈버는 방법 / 142
이미 늦었어 / 144
아내의 마음 / 145
통조림 깡통 / 146
어머니가 무서워 / 146

풍자와 해학 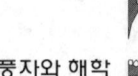 유머 보따리

글/실/린/순/서

큰일날 도둑 / 147
충고 / 148
당신은 바보 / 150
미끼 / 151
무서운 처녀 / 151
호출장 / 153
갈수록 태산 / 154
보리밥의 우수성 / 154
인간의 가치 / 155
최고급 보약 / 155
하고 싶은 일 / 156
앞뒤가 안 맞는다 / 157
찌꺼기 / 157
낙엽의 계절 / 158
더 답답한 사람 / 158
한 벌과 재벌 / 159

먼저 본 사람이 임자 / 148
오해 / 148
엉큼한 신부 / 150
똑똑한 하녀 / 151
서로의 조건 / 152
불고기 / 154
베개가 세 개 / 154
부부 싸움은 없다 / 155
글자 한 자 차이 / 155
썩히는 작용 / 155
수학적 상식 / 156
물 속의 엽전 찾기 / 157
꼬마의 의문점 / 158
취급하는 방법 / 158
눈과 코 / 158
청소부 / 159

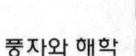

글/실/린/순/서

대포집 사정 / 159
나는 고민이 없습니다 / 160
왕진료 / 161
요령 / 161
들통 / 162
다른점 / 164
난장이의 비밀 / 164
권유 / 165
한술 더 떠 / 167
가장 즐기는 것 / 168
발이 하나인 오리 / 168
완벽한 증거 / 169
남편 비둘기 / 171
평등한 벌칙 / 171
강도 잡는 방법 / 172
교환원 / 174

천당과 땅위 / 160
대 사업가 / 160
만년과장 / 161
말하는 고양이 / 162
묘책 / 163
아래와 위의 차이 / 164
입심좋은 사돈영감 / 165
비밀이 탄로 난 중 / 166
까닭 / 167
웃겨 / 168
불신풍조 / 169
소매치기의 소매치기 / 170
만두장사 / 171
싫지 않아서 / 172
발로 열어야 하는 이유 / 173
문어 / 174

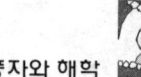

풍자와 해학   유머 보따리

글/실/린/순/서

성급한 사람 / 174
이게 웃을 일이야 / 176
장담 / 176
명언 / 177
사는 이유 / 178
여배우 지망생 / 179
지혜로운 아이 / 180
공기의 빛깔 / 181
건강과 나이 / 181
신랑 / 182
두 여자 / 183
재치있는 학장 / 183
아무리 봐도 / 185
절망하지 말자 / 186
순간의 실수 / 186
미모와 가격 / 187

15kg의 양 / 175
부탁 / 176
주인과 도둑 / 177
공짜 / 178
작가의 고집 / 179
쵸코우유 / 180
마찬가지 신세 / 180
생각의 차이 / 181
제 정신으로는 / 182
달관한 자 / 182
천국을 아는 이유 / 183
잊을 수 없는 밤 / 184
아내의 불만 / 185
재치로 하는 장사 / 186
양조장에서의 사건 / 187
동정받는 사람 / 188

풍자와 해학 유머 보따리

글/실/린/순/서

별난 손님 / 188
부부의 대화 / 189
어쩔 수 없는 남편 / 190
말참견에는 도사 / 192
한 잔 술 / 192
본실물 / 193
완치 / 194
백화점 과자부 / 194
이발관 / 195
엄처시하 / 196
욕심 꾸러기 / 197
소 타고 가는 사람 / 197
허송세월 / 198
측량 / 199
친구지간 / 199
장님의 특권 / 200

미국인의 자랑 / 188
카사노바 / 189
나도 할 말이 있다. / 191
영리한 거지 / 192
중량 / 193
당신 말도 옳소 / 193
브라운 색 / 194
건져준 사람 / 195
임종할 때 / 196
불끄기 작전 / 196
잣이요 갓이요 / 197
노출 시대 / 198
동등한 실력 / 198
눈물의 인생 / 199
피장파장 / 200
불난자리 / 200

풍자와 해학   유머 보따리

글/실/린/순/서

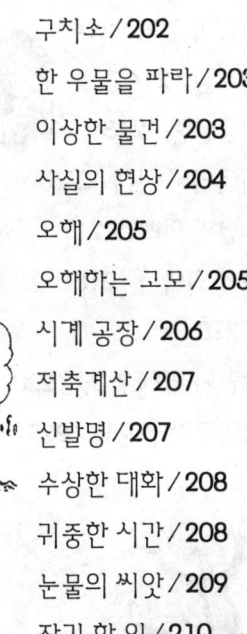

감사의 표시 / 200
지각생 / 202
구치소 / 202
한 우물을 파라 / 203
이상한 물건 / 203
사실의 현상 / 204
오해 / 205
오해하는 고모 / 205
시계 공장 / 206
저축계산 / 207
신발명 / 207
수상한 대화 / 208
귀중한 시간 / 208
눈물의 씨앗 / 209
자기 할 일 / 210
앗차! 잊었군 / 211

각자 희망 / 201
부부 싸움 / 202
남편 생각 / 202
세자매 / 203
고통을 참는 여자 / 204
안전지대 / 204
시간은 돈이다 / 205
전철 기관차 / 206
문구멍 / 206
화장실 / 207
이상한 나무 / 207
무서운 이야기 / 208
김이 샌다는 해석 / 209
황소의 귀 / 210
착각 / 210
미남자들 / 211

풍자와 해학 유머 보따리

글/실/린/순/서

자기 만족 / 212
딴 생각 / 213
후회하는 결혼 / 213
세 가지 불신 / 214
젊은 것이 매력 / 214
버려지는 시간 / 215
잘했어~라이코스 / 216
아빠인가? / 218
우리 해군의 3대 방위 시스템 / 218
자기야! 바로 누워 / 220
세계 경찰 콘테스트 / 220
바람난 아내 / 222

음악의 상식 / 212
이태리 여성 / 213
상대가 없다 / 214
질투심 / 214
가정법원 / 215
어머니의 기대 / 215
소년의 아빠? / 217
전화 이야기 / 218

남편이 밤에 한 짓 / 220
비아그라 선문답 / 222

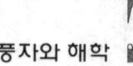 풍자와 해학   유머 보따리

뜨거운 어느 여름날

 매우 뜨거운 어느 여름날이었다.
 한 남자가 마루에 앉아 독서를 하고 있었는데, 살며시 열려있는 담장 쪽 대문 밖으로 젊고 아름다운 한 아가씨의 모습이 보이는 것이었다.
 그녀는 대문 밖의 호박밭에 다소곳이 앉아 일을 하고 있었다.
 그녀의 이마에는 땀이 송골송골 맺혀 있었고, 그 모습은 마치 아침 이슬처럼 청순하게 생각되었다. 그 여자를 보면서 남자는 생각했다.
 '그렇지! 바로 저 여자야. 내가 일생을 같이 하고 싶은 그런 여자!'
 그 남자는 망설이다가 슬그머니 그녀에게 다가가서 수줍은 목소리로 말했다.
 "저, 당신이 열심히 일하는 모습을 보고 저는 사랑에 빠져 버렸답니다."
 그러자 호박잎을 따고 있던 아름다운 그녀가 깜짝 놀라 눈을 동그랗게 뜨고 사내를 쳐다봤다. 그리고는 당황스러웠는지 고개를 숙인 채 아무말도 하지 않고 있는 것이었다.
 잠시 정적이 흐른 뒤, 땅만 쳐다보던 그녀가 떨리는 목소리로 속삭였다.
 "……저, 지금 똥 누는 중이거든요. 나중에 말씀하시면 안될까요."

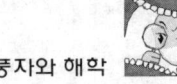 풍자와 해학   유머 보따리

엽기적인 버스 기사 아저씨

나는 출 퇴근시 항상 버스를 이용한다.

오늘 역시 힘겨운 회사 업무를 마치고 퇴근하기 위해 버스를 탔는데, 가끔 벌어지는 일이긴 하지만 버스 기사와 승객이 실랑이를 하는 것이었다.

50대쯤으로 보이는 버스 기사와 역시 그 또래쯤으로 보이는 승객 한 명이 무엇 때문인지 욕을 섞어가며 말싸움을 하고 있었다.

그러던 중 그 승객이 버스 기사에게 말싸움에 말뚝을 박는 한 마디를 던졌다.

"넌 평생 버스 기사나 해라 새꺄!!"

승객들은 '아, 버스기사의 패배구나.' 생각하고 버스 기사를 쳐다보았다. 순간, 버스 기사 왈,

"……넌 평생 버스나 타고 다녀라 새꺄!!"

도로 위의 고사성어

그랜저가 티코에게 견인되고 있다.	포복절도 (抱腹絶倒)
티코가 고속도로에서 시속 200km로 달리고 있다.	풍전등화 (風前燈火)
그 티코가 돌아오지 않으면?	함흥차사 (咸興差使)
그 티코가 무사히 돌아오면?	혼비백산 (魂飛魄散)
지금 술을 마시고 운전하고 있다. 달리다가 사고날 게 불보듯 뻔하다.	선견지명 (先見之明)
뒤에서 빨리 가라고 빵빵거리던 차가 내 차를 추월하더니 그만 고장나서 서 있다.	박장대소 (拍掌大笑)

풍자와 해학   유머 보따리

그 차 주인이 나를 불러 세우더니 차 좀 같이 타고 가자고 한다.
☞ 감탄고토(甘歎苦吐)

가다 보니 옆차 안에서 키스를 하고 난리가 아니다. 그거 보다가 앞차를 들이받고 말았다.
☞ 안전운행(安全運行)

신호 위반 했더니 경찰이 쫓아온다. 한참을 도망가다 보니 경찰이 보이지 않는다.
☞ 구사일생(九死一生)

잠시 후 아까 그 경찰을 다시 만났다. 이제 죽었구나 하고 생각했는데 앞차를 잡는다.
☞ 기사회생(起死回生)

찌는듯한 여름날 에어컨이 고장났다. 남들이 쳐다보고 있어 차마 문을 열지 못하고 꼭 닫고 시원한 척 했다.
☞ 이열치열(以熱治熱)

기름을 2만원어치만 넣으라고 했는데 주유원이 3만원어치를 넣었다.
☞ 낙장불입(落張不入)

기름 넣은 주유원이 만원을 더 달라고 떼 썼지만 안 준다고 개겼다.
☞ 일편단심(一片丹心)

기름 넣은 주유원이 경찰에 신고하겠다고 전화기 앞으로 급히 달려간다.
☞ 기회포착(機會捕捉)

기름 넣는 주유원의 뒷모습을 보고 잽싸게 도망갔다.
☞ 삼십육계(三十六計)

이제 생각해 보니 주유원에게 2만원조차 안주고 튀었다.
☞ 일거양득(一擧兩得)

옆좌석에 주유원이 준 고급 티슈까지 얌전히 놓여있다.
☞ 금상첨화(錦上添花)

풍자와 해학   유머 보따리

돈과 화장실의 사자성어

1. 푸세식 변소에 십원 짜리 동전이 빠지면 : 수수방관
2. 오백원 짜리 동전이 빠지면 : 에이쓰벌
3. 천원 짜리 지폐가 빠지면 : 우왕좌왕
4. 오천원 짜리 지폐가 빠지면 : 안전부절
5. 만원 짜리 지폐가 빠지면 : 이판사판
6. 십만원 짜리 수표가 빠지면 : 일단잠수

신장 상담

어느 종합 병원 화장실에서 볼 일을 보고 있던 한 남자는 우연히 벽에 쓰여져 있는 문구를 보게 되었다.

< 신장 상담 01X-XXX-XXXX >

남자는 그 곳에 적혀 있는 전화 번호를 곧장 자신의 핸드폰에 메모리 시켜 놓고 집으로 돌아와서 전화를 걸었다.

"여보세요? 거기 신장 상담하는 곳 맞죠?"

상대편에서는 아주 상냥한 목소리로 전화를 받았다.

"예, 맞습니다. 말씀하세요."

그러자 남자는 안심하여 상담을 시작 했다.

"제가요, 올해 22살이고 키가 165㎝인데요, 더 클 수 있을까요?"

풍자와 해학 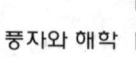 유머 보따리

남자의 쇼핑

한 남자가 대형 할인 슈퍼마켓에서 강아지 먹이를 샀다.
점원 : 손님, 강아지가 있다는 증거를 보여 주셔야만 먹이를 사실 수 있습니다.
남자 : 그런 게 어딨소?
점원 : 하지만 어쩔 수 없습니다. 증거를 보여 주셔야만 사실 수 있습니다.
남자는 하는 수 없이 집에 있는 강아지를 데리고 와서 보여 주고 난 후 먹이를 살 수 있었다.
몇 일 후 남자는 고양이 먹이를 사러 다시 그 가게에 들르게 되었다.
남자 : 고양이 먹이 두 개만 주세요.
점원 : 죄송합니다만, 고양이가 있다는 증거를 보여 주셔야만 고양이 먹이를 사실 수 있습니다.
남자는 또 따졌지만, 하는 수 없이 고양이를 데리고 와서 보여 주고 난 후 먹이를 살 수밖에 없었다.
그리고 몇 일 후 그 남자는 가운데 구멍이 뚫린 상자 하나를 가지고 가게에 들르게 되었다.
점원 : 뭘 사시러 오셨습니까?
남자 : 이 상자 구멍에 손을 직접 넣어 보면 알아요.
점원은 손을 넣었고, 뜻밖에도 그것은 '똥'이었다.
점원 : 아니, 손님! 이게 무슨 짓이십니까?
그러자 남자 왈,
남자 : 알았으면 두루마리 화장지 두 개!

풍자와 해학   유머 보따리

사투리의 경제성

경상도 말은 참으로 경제적이다.
왜냐하면 표준말로 길게 부르는 것을 표준국어에 없는 몇 가지 발음으로 굉장히 짧게 발음 할 수 있기 때문이다.

1. 고등학교 선생님
☞ 고다꼬샘 : 7글자가 4글자로 줄었다. 엄청나군. 이건 시리즈로 나올 수 있다.
선생님은 샘으로 발음되니, 교장샘, 교감샘, 국어샘, 교련샘……

2. 할머니(할아버지) 오셨습니까?
☞ 할맨교? : 8글자(할아버지의 경우는 9글자)가 3글자로. 상당한 압축율이다.
여기서 해석이 잘 안되시는 분들은 순도 100% 경상도맨에게 문의하십시오.

3. 니가 그렇게 말하니까 내가 그러는 거지, 니가 안 그러면 내가 왜 그러냐?
☞ 니그카이 내그카지 니안그카믄 내그카나?
☞ 와카는데?

이제 결정적인 충청도 사투리 하나.
(학창시절) 내가 위의 얘기를 충청도 논산이 고향인 친구 녀석에게 경상도의 경제성을 자랑삼아 얘기했더니, 그 녀석 한참을 궁리하더니 그날 저녁 맥주집에서 작품 하나를 발표했다.

풍자와 해학　　유머 보따리

"니들~, 경상도말 경제성 너무 자랑 말어~ ('~'는 말의 느림을 의미)
우리 충청도두~ 굉장히 짧게 할 수 있는 말이 있어~"
"먼데? 먼데?" (맥주 마시던 경상도 애들이 눈이 휘둥그래졌다)
"디스코텍에 가면 말이지~"
(예쁜 여자에게 부르스 한 곡 신청하는 상황을 상상하며 글자수를 잘 비교해 보시기 바랍니다.)

표준말 : (한 곡) 추시겠습니까? (6글자 : 너무 길다)

경상도 : 출래예? (3글자 : 50%의 압축율)

충청도 : 출튜? (2글자 : 33% 와~!)

(근데 여자가 매몰차게 거절을 했다. "싫어요")

표준말 : 섭섭합니다.

경상도 : 섭섭하네예 (애석하게도 압축이 안됩니다.)

충청도 : 섭휴~ (40%의 압축율)

풍자와 해학 유머 보따리

군대에서……

어느 군대에서 PT체조를 하고 있었다. PT체조는 항상 마지막에는 구호를 붙이지 않는다. 그런데 꼭 마지막에 어떤 한 남자가
"열!!~~"
이러는 것이다. 열 받은 조교.
"다시 처음부터 시작한다~!! 20회 실시 ~!!"
군인들 짜증내며
"하나!~"
"둘!~"
"셋!~"

마지막에 그 남자
"스~~ 물!!!!~~ (-.-;)
여기저기서 들려오는 야유. 그렇게 100회까지 실시를 해도 그 남자는 마지막 구호를 꼭 붙이곤 했다. 더 이상 방법이 없다 생각한 조교…….
"저놈 땜에 더 이상 안되겠다……이제부턴 노래에 맞춘다 시작 ~~!!"
그래서 군인들은 노래를 부르며 PT체조를 시작했다.
"둥글게 둥글게~ 하나!!
둥글게 둥글게~ 둘 ~!!
빙글빙글 돌아가며 춤을 춥시다~ 셋!!
손뼉을 치면서~ 넷!!
랄라랄라 즐거웁게 춤추자!! "
(여기서 노래가 끝나고 구호도 끝나는것이 원칙이다.)
근데……그 남자는……우리의 기대를 저버리지 않았다…….
저기 끝에서 은은히 들려오는……그 남자의 목소리…….
"딩가딩가딩 ~~ 가 딩가딩가딩……."

풍자와 해학　　유머 보따리

세대별 반응

1. 집에 오는 길에 모르는 남자가 자꾸 따라올 때

10대 후반 : 집으로 뛰어들어가서 숨어버린다.

20대 초반 : 자꾸 따라오면 소리 지르겠다고 겁부터 주고 본다.

20대 후반 : 일단 얼굴을 먼저 보고 나서 잘 생겼으면 만나본다.

30대 초반 : 먼저 다가가서 동네에 괜찮은 카페가 있다고 말한다.

2. 골목에서 치한이 앞을 가로막을 때

10대 후반 : 무조건 살려달라며 애원하며 운다.

20대 초반 : 가방에서 가스총을 꺼내며 당장 꺼지라고 소리친다.

20대 후반 : 진작 시집갔으면 너만한 애가 있겠다며 머리를 한 대 쥐어 박는다.

30대 초반 : 이렇게 만난 것도 인연이라며 근처 카페로 데리고 간다.

3. 소개팅 시켜 준다는 전화를 받았을 때

10대 후반 : 나가겠다고 할까말까 망설인다.

20대 초반 : 외모, 키, 닮은 연예인 등을 물어보다가 날밤샌다.

20대 후반 : 직업이 뭔지, 장남은 아닌지 꼬치꼬치 캐묻지만 마지막엔 '응' 이라고 대답한다.

30대 초반 : 너무 반가워 울면서 메모지를 들고 달려와 소개팅 장소를 자세히 받아 적는다.

4. 소개팅에 킹카가 나왔을 때

10대 후반 : 먼저 애프터 신청을 해 주기만 학수고대하며 기다린다.

20대 초반 : 핸드폰 번호를 적어주고 상대 전화번호도 알려달라고 갖은 애교를 떤다.

20대 후반 : 강제로 집까지 데려가서 결혼할 사람이라고 소개한다.

30대 초반 : 그동안 시집가려고 돈 모아둔 통장들을 모두 다 꺼내

풍자와 해학 유머 보따리

보여준다.
5. 소개팅에 폭탄이 나왔을 때
  10대 후반 : 그냥 집에 가겠다고 말할까말까 망설인다.
  20대 초반 : 한번 더 소개팅에 나오면 죽여버리겠다고 협박한다.
  20대 후반 : 주선한 친구를 찾아가서 머리끄덩이를 잡고 싸운다.
  30대 초반 : 그동안 모아둔 돈이 많은지 일단 물어본다.

앵무새와 아줌마

어느 뚱뚱한 아줌마가 가게 앞을 지나가고 있었다.
그런데 그 가게에는 말하는 앵무새 한 마리가 있었다.
뚱뚱한 아줌마를 본 앵무새가 말했다.
"그 아줌마 진짜 못생겼네."
아줌마는 화가 났지만 참고 그냥 지나갔다.
다음날 그 가게 앞을 그 아줌마가 또다시 지나가는데 그 앵무새가 또다시 말했다.
"그 아줌마 진짜 못생겼네."
화가 머리끝까지 난 아줌마가 가게로 들어가서 앵무새 교육을 잘 시키라고 주인에게 말했다.
다음날 아줌마가 지나갈 때 앵무새가
"아줌마"
하고 불렀다. 아줌마가 쳐다봤다.
그러자 앵무새가 소근거리듯이
작은 소리로 말했다.
"알지?"

 풍자와 해학   유머 보따리

아기과자 베베

집에서 아빠와 같이 TV를 시청하고 있었습니다.

아빠는 평소에도 좀 엽기적이시고 별 생각없이 지내시는 그런 분이었습니다.

그런데 TV광고에서 '아기과자 베베' 선전이 나왔습니다.

" 아기꺼야~ 아기꺼~ 원료부터 다른~"

이 광고 아시죠? 그리고 광고 마지막에 '아기과자 베베~~' 하고 끝나죠. 선전이 끝나고 같이 있던 아빠가 하는 말에 전 뒤집어졌습니다.

"애새끼……주는대로 처먹지……"

엽기 벼룩시장

☞ **다 쓴 편지지 팝니다**
심심해서 편지를 한 번 써 봤는데 보낼 곳이 없더군요.
버리려니 아깝고, 필요하신 분께 싼값에 팔겠습니다.

☞ **나이 깎는 기계 구함**
우리집 아들놈 연필 깎는 기계와 교환하실 분 꼭 연락주세요.

☞ **흑자 가계부 급히 구합니다**
아내에게 곧 월말 결산해야 할 형편입니다.
고가로 매입하겠습니다. 대신 제 적자 가계부는 무료로 드리겠습니다.

☞ **진짜 소나무 삽니다**
잘 키워서 소가 열리면 꼭 나누어 드리겠습니다.

☞ **신입 승려 모집**
불교에 귀의하고자 하시는 분. 탈모증 있는 분 대 환영.

☞ **애인 보관해 드립니다**
군대나 멀리 해외로 장기간 나가시는 분은 걱정 말고 맡겨만 주십시오. 돌아오면 새끼까지 쳐서 되돌려드리겠습니다.

☞ **오리발 급히 구합니다**
닭서리를 했는데 닭 주인이 자꾸 찾아와도 오리발이 없어 난처한 형편입니다. 오리발을 갖고 계신 분은 서슴없이 저에게 내밀어 주십시오.

☞ **상 팝니다**
학교 다니면서 상을 한 번도 못 타 보신 분들께 그 동안 타서 모아둔 상장들을 헐값에 드립니다.

☞ **부도 어음 싼값에 팝니다**
부도 어음이 무엇인지 모르는 분은 이 기회를 이용해 보시기 바랍니다.

☞ **아주 괜찮은 시집 구합니다**
처갓집과 교환 원함.

☞ **콩팥 기증해 주실 분 찾습니다**
사정이 매우 급하니 콩이나 팥 중 한가지라도 고맙게 받겠습니다.

☞ **금 헐값에 팝니다**
지난번 지진 이후 저희 집 담벼락에서 금이 많이 발견되었습니다.

풍자와 해학  유머 보따리

컴퓨터를 위한 기도

메모리에 있는 우리 프로그램,
암호를 거룩하게 하옵시며,
운영체제에 입하옵시며,
명령이 모니터에서 이루어지는 것과 같이
프린터에서도 이루어지이다.
오늘날 우리에게 일용할 데이터를 주옵시고,
우리에게 파일의 에러를 사하신 것과 같이
우리를 사하여 주옵시고,
우리를 다운에 들게 하지 마옵시고,
다만 정전에서 구하옵소서.
대게 cpu와 하드와 플로피가
컴퓨터께 영원히 있사옵니다. 엔터!

화장실 명언

☞ 젊은이여, 당장 일어나라! 지금 그대가 편히 앉아 있을 때가 아니다.
☞ 내가 사색에 잠겨 있는 동안 밖에 있는 사람은 사색이 되어 간다.
☞ 내가 밀어내기에 힘쓰는 동안 밖에 있는 사람은 조여내기에 힘쓴다.
☞ 신은 인간에게 '똑똑' 할 수 있는 능력을 주셨다.
　그는 '똑똑' 했다. 나도 '똑똑' 했다.
　문밖의 사람은 나의 '똑똑' 함에 어쩔 줄 몰라 했다.

풍자와 해학　　유머 보따리

춤추는 원숭이

한 돈 많은 부자가 노래가 나오면 춤추는 신기한 원숭이가 있다고 해서 비싼 값에 그 원숭이를 샀다.
집으로 돌아온 부자는 원숭이가 춤추는 것을 보려고
'원숭이 엉덩이는 빠~알게' 라고 노래를 불렀는데 원숭이는 춤을 추지 않았다.
그러자 부자가 화가 나서
"왜 춤을 추지 않는거야?"
그러자 원숭이 왈.
"넌 너네 애국가 나올 때 춤추냐?"

외국인이 길을 가다가 한국의 조폭을 만났다……

외국인 : Excuse me. Where is the nearest post office?
조 폭 : 뭐셔?
외국인 : Excuse me. Where is the nearest post office?
조 폭 : 궁시렁 궁시렁
조폭은 외국인을 떨쳐버려야 하겠다는 생각을 하고 도망갔다.
그런데 도망가면서 뭐라고 계속 지껄였다.
그러나 이게 웬일? 외국인은 육상선수였던 것이다. 계속 쫓아오면서 Where is the nearest post office? 를 계속 외쳐대는 것이었다.
조폭은 벙어리 시늉을 하면서 위기를 모면했다.
과연, 조폭은 무어라고 말했길래 외국인이 자꾸 따라왔던 것일까.
조폭은 도망가면서 이렇게 말했던 것이다.
아이 씨팔놈이……(I see, follow me : 알았습니다. 따라오세요…… ^^)

한국인의 심의 등급

철수와 영희가 손을 잡았다 ☞ 연소자 관람가
철수와 영희가 포옹을 한다 ☞ 12세 이상 관람가
철수와 영희가 키스를 한다 ☞ 15세 이상 관람가
철수와 영희가 하룻밤을 보냈다 ☞ 18세 이상 관람가
철수와 영희가 남매였다 ☞ 등급보류

담배 필 때 심리변화

화남 : 거꾸로 물고 필터에다 불 붙였을 때.
짜증 : 담뱃불을 침으로 끌려고 침을 뱉었는데 안 맞을 때.
황당 : 담뱃불 붙이다가 앞머리가 타서 탄내 날 때.
당황 : 앞머리에 붙은 불이 머리 위로 타올라 갈 때.
습관 : "내일부터 진짜 담배 끊는다"는 말(오늘만은 마음껏.)
비참 : 친구들끼리 쪼그리고 앉아서 한가치 나눠 필때.
비통 : 돗대 피는데 옆구리 터져서 잘 안 빨릴 때.
허탈 : 라이터도 없는데 재 털다가 총알 떨어질 때.
한탄 : 담배 넉넉한데 길바닥의 장초가 유혹 할 때.
회상 : 중딩들이 골목에서 담배 피는 거 볼 때.
    (아무리 빨라도 난 고딩 땐데……)
기쁨 : 돗대인 줄 알았는데 쌍대일 때.
망신 : 꽁초 줍다 걸렸을 때.(아이……부끄러……)
배신 : 꽁초 주위 핀 거 끝까지 다 지켜보고 담배 산 놈.
    (지독한 엑스……)

풍자와 해학   유머 보따리

남자들이 군대 가야 하는 이유 20 가지

1. 반찬 투정을 안하게 된다.
엄마가 해 주시는 반찬이 맛이 없는가? 군대에 가보라.
엄마가 해 주시는 밥이 제일 맛있다.

2. 치마 두른 여자는 다 이뻐 보인다.
내가 만나고 있는 여자 친구보다 다른 여자들이 더 예뻐 보이나?
그렇다면 군대에 가라. 치마만 두르면 아줌마도 이뻐 보인다.

3. 축구를 사랑하게 된다.
축구라면 밤에 잠을 못 자는 한이 있더라도 중계방송을 보게 된다.

4. 뻥이 는다.
좋은 말로 하면 넉살이 좋아진다고 해야 하나?
암튼 군대만 갔다 오면 '내가 있던 부대가 대한민국에서 제일 고되고 힘든 부대'가 된다

5. 낭만보다는 실리를……
그렇다. 군대 가기 전에는 낭만이 있어 퍽이나 좋았다.
그러나 군대 갔다 오면 실리가 없는 곳에는 절대 가지 않는다.
예를 들어 군대 가기 전에는 눈이 오면 좋았다……그런데 군대 있으면서 눈이 내리면 욕이 먼저 나온다.

6. 알뜰해진다.
한달 월급이 1 만원 안팎이다. 이걸루 한달 살려면 알뜰살뜰해질 수밖에 없다.

7. 다리가 길어진다.
태권도 승단심사를 위해 다리를 찢기 때문이다.
침상 위에서 베개를 딛고 올라가 한쪽 베개를 툭 쳐내면서 다리를 찢기도 한다.

풍자와 해학   유머 보따리

우…… 아직도 살 떨린다.

8. 생활력이 좋아진다.
그렇다. 군대에 가면 최소한 삽질만큼은 확실하게 배워온다.
이 삽질 하나만으로 공사판에서 십장의 지위까지 오른 입지전적인 인물이 다수 있는 것으로 안다.

9. 아버지가 대통령선거 출마하실지 모른다.
지난번 대통령 선거 때 봤나?
아들이 군대 안 간게 대통령선거에 치명적인 결과를 가져다 준다.
대통령 아들이 되고 싶다면 빨랑 군대 먼저 가라.

10. 대한민국의 모든 욕이란 욕은 다 알아듣게 된다.
대한민국에서 통용되는 모든 욕은 그곳에서 확실하게 들을 수 있다.

11. 사이코를 많이 만날 수 있으며 이는 원만한 사회생활을 위해 감내해야 한다.
별의별 인간을 다 섭렵할 수 있는 곳이 군대다.
심지어 세면대에다 오줌 누는 인간…… 기둥 붙들고 신음 소리내는 인간…… 등등 다양한 인간 군상들을 만날 수 있는 기회가 제공된다.

12. 라면의 새로운 조리법을 알게 된다.
신라면 봉지째 뜯어서 뜨거운 물 부어먹는 '뽀글이'를 배운다.
이는 어느 정도 고참이 되어서야 가능하다는 것을 알게 될 것이다.

13. 1등이 좋은 것이 아니라는 것을 알게 된다.
군대에서 1등은 바보나 하는 것이다. 군대에서의 1등은 곧 수많은 사역을 하게 된다는 말이다. 1등이 반드시 좋은 것만은 아니라는 것을 확실히 배우게 된다.

14. 숏다리 컴플렉스에서 벗어날 수 있다.

풍자와 해학   유머 보따리

군대에서 롱다리는 고난의 연속이다.

높은데 뭐 올릴 때도 롱다리…… 행군 중에 맨 앞에서 중대기 들고 걷는 것도 롱다리의 몫이다. 숏다리에게는 어지간해서는 먼저 뭐 시키는 법이 없잖는가

아, 하나 있다. 개구멍 통과……

15. 담요 터는 법을 배우게 된다.

아파트에서 보면 힘들게 담요를 터는 아낙들의 모습을 간혹 보게 된다. 그러면 나는 '음…… 저 여자 남편은 군대를 안 갔다왔거나 방위 출신이군……' 하는 생각을 하게 된다. 생각해 보라…… 부부가 오붓하게 군대식으로 담요 터는 그 모습을……. 얼마나 아름다운가??? 담요 털때 발생하는 요란한 파열음은 일종의 카타르시스를 제공한다.

16. 군대 안 간 놈들을 맘껏 욕할 수 있다.

군대 안 간 연예인들을 씹고 싶은가? 그렇다…….

그렇다면 먼저 군대에 다녀오라……. 군대 갔다 온 사람이 욕하는 건 아무도 안 말린다.

17. 군대 갈 놈들에게 겁줄 수 있다.

"야…… 군대 가면 얼차려 많이 받어…… 쥑인다…….

치약뚜껑에 대가리 박아봤어?……" 등등

18. 싫어하는 여자 떨쳐낼 수 있는 방법을 터득하게 된다.

여자들이 제일 싫어하는 얘기

3위 '군대 얘기'

2위 '축구 얘기'

1위 '군대에서 축구한 얘기'

이 3 가지를 완벽하고 자유롭게 구사할 수 있다.

19. 낯이 두꺼워진다.

풍자와 해학 　 유머 보따리

즉, 쪽팔리는것을 두려워하지 않는다.
예를들어, 아무데서나 방귀 뀔 수 있다.
20. 자부심을 갖는다. 진짜 남자가 된다.
이 나라를 내 손으로 일부 지켰다는 자긍심을 갖게 된다.
자기 여자 하나만은, 아니 자기 가정만큼은 지킬 수 있다는 뚝심과 배포를 갖게 된다.

엽기 할머니

서울 ↔ 부산을 운행하는 직행 버스에 나이가 지긋한 할머니가 올라 타셨다.
"에엥…… 이봐, 기사 양반, 나 대전 오면 좀 알려주지 않겠나? 에엥……."
"그럼요~ 할머니~!"
그리고 버스는 움직이기 시작했고, 할머니는 잠에 빠졌다.
그런데 한참 운전하고 가다 보니 그만 대전을 지나쳐 버린 것이었다.
운전기사는 늙으신 할머니를 대전 멀리서 내려 드릴 수도 없고…… 고민끝에
다시 차를 돌려 대전으로 향했다.
승객들은 고개를 갸우뚱거리며 의아해 했지만 운전기사는 재빨리 데려다 줄 생각으로 차를 열심히 몰았다. 어느새 대전에 다시 도착한 버스. 기사는 의기양양하게 할머니를 깨웠다.
"할머니, 대전 다 왔어요~"
그러자 할머니는 부시시 잠에서 깨어 중얼 거렸다.
"에엥…… 이제 대전이야? 이제 반 왔구먼~"

봤어?

신병이 들어오자 고참 하나가 물어봤다.
"야, 너 여동생이나 누나 있어?"
"옛, 이병 XXX! 누나가 한 명 있습니다!"
"그래? 몇 살인데?"
"24살입니다!!"
"진짜야? 이쁘냐?"
"옛! 엄청 이쁩니다."
그때 내무반 안의 시선이 모두 신병에게 쏠리면서 상병급 이상 되는 고참들이 하나둘씩 모여 앉았다.
"그래, 키가 몇인가?"
"168 입니다."
옆에 있던 다른 고참이 묻는다
"몸매는 이쁘냐? 얼굴은?"
"미스코리아 뺨칩니다!!"
왕고참이 다시 끼어들며 말했다.
"넌 오늘부터 군생활 폈다. 야 오늘부터 얘 건들지마!! 건드리는 놈들은 다 죽을 줄 알아! 넌 나와 진지한 대화 좀 해보자."
"아그야~ 근데 니 누나 가슴 크냐?"
"옛! 큽니다!!"
갑자기 내무반이 조용해지더니 별 관심을 보이지 않던 고참들까지 모두 모여들었다.
"어? 니가 어떻게 알아. 네가 봤어?"
신병이 잠깐 머뭇거리며 말했다.
"옛! 봤습니다."

고참들이 모두 황당해 하며 물었다.
"언제…… 어떻게 봤는데?? 임마!! 빨랑 얘기해!!"
그러자 신병이 약간 생각을 하다가 대답했다.
"우리 조카 젖 줄 때 봤습니다."

아버지 자랑

세 명의 소년이 학교 운동장에서 자기 아버지가 이 세상에서 얼마나 훌륭한지 서로 자랑을 하고 있었다.

첫 번째 소년이 말했다.

"우리 아버지는 이 세상에서 제일 빨리 달릴 수 있어. 화살을 쏜 다음 달려도 그 화살이 떨어지기 전에 그 곳까지 갈 수 있단 말이야."

두 번째 소년이 말했다.

"쳇! 그걸 빠르다고 하니! 우리 아버지는 사냥꾼인데, 총을 쏘고 나서 총알보다 먼저 그곳에 간단 말이야."

세 번째 소년은 다른 두 소년의 이야기를 듣더니 머리를 좌우로 흔들더니 이렇게 말했다.

"너희들 둘은 빠르다는 게 먼지 모르는구나. 우리 아버지는 공무원이야. 4시 30분에 일을 마치고 3시 45분이면 집에 오시거든!"

풍자와 해학   유머 보따리

아줌마가 아저씨보다 더 나은 점

1. 아줌마는 운전을 못하지만 아저씨는 운전을 더럽게 한다.
2. 아줌마는 우기지만 아저씨는 속인다.
3. 버스(혹은 전철)에서 아줌마는 새치기를 하지만 아저씨는 강탈을 한다.
4. 아줌마는 무식해서 당당하지만 아저씨는 당당한 척 하지만 사실은 무식하기 짝이 없다.
5. 아줌마의 가치가 정보력에 있다면 아저씨의 가치는 돈에 있다.
6. 아줌마는 아둥바둥 살지만 아저씨는 저 잘난 맛에 산다.
7. 아줌마는 무식하지만 아저씨는 꽉 막혔다.
8. 아줌마는 어디서나 강하지만 아저씨는 약한 자에게만 강하다.
9. 아줌마는 웬만한 건 웃고 넘기지만 아저씨는 인상 써야 멋있는줄 안다.
10. 아줌마는 자식을 가장 사랑하지만 아저씨는 자식 또래를 선호한다.
11. 아줌마는 서민층에 많지만 아저씨는 어!설!픈! 상류층에 많다.

나 드럼 배운다.

철수는 드럼을 배우러 다녔다.

드럼을 배우러 가면 그곳에는 드럼 치는 사람들만 있는 게 아니라, 전자기타, 베이스, 키보드, 보컬 등…… 여러 사람들이 악기를 다루고 팀을 이뤄 합주를 한다.

연습이 끝나고 다같이 나오면 모두들 자신이 다뤘던 악기를 들고 집으로 간다.

그런데 가다가 보면 주위에서 기타를 갖고 가는 사람을 보고 한마디

풍자와 해학 유머 보따리

씩 하는 거였다.
"어머~~ 기타 치시나봐…… 너무 멋있다!!~~"
이렇게 말하는 사람들은 물론 여자들이었다.
철수는 그런 말을 한번도 듣지 못했고, 물론 들을 일도 없었다.
드럼을 들고 다닐 수는 없었으니까.
철수는 고심끝에 생각해낸 것이 연습이 끝나고 집으로 가는 길에 드럼스틱(드럼 치는 막대기)을 손에 들고 다니기로 한 것이다.
며칠을 들고 다녔지만 아무 반응도 못 느꼈던 철수는 그날도 어김없이 드럼스틱을 손에 들고 집으로 가는 중이었다.
철수가 평소에 짝사랑하던 같은 동네에 사는 여자 친구가 오는 것을 보았다.
이때다 싶어 드럼 치는 시늉까지 하며 그녀 앞까지 갔다.
'어머~~ 너 드럼 치는구나!!멋있다!!' 라는 말을 기대하며……
하지만 그 기대를 멀리한, 그녀의 입에서 나온 한마디.
"어머~~ 너 장구 치니???"

전철에서……

친구랑 3호선 전철을 탔다.
전철이 경복궁역을 막 출발하려고 할 때였다.
전철문이 열렸다 닫히면서 출발은 하지 않고 있었다.
평소 호기심이 많기로 둘째가라면 서러워 했던 친구가 문밖으로 얼굴을 내밀고 보다가 그만 문에 머리가 끼고 말았다.
그런데 이 미친놈이 갑자기 막 웃는 것이었다.
나는 어이가 없어서 친구에게 물었다.
"임마 너 미쳤냐? 왜 웃고 난리야??"

녀석이 문에 끼인채 대답했다.
"나말고 두 명 더 꼈어! 푸하하하~"

공부 안하고 1등 하는 법

1. 아침에 일어난다. 공부는 하지 않아도 좋다.
   다만 중요한 것은 교과서와 자습서를 꼭 챙긴다.
2. 학교에 약간 느지막히 간다. 시험 시작한 다음에.
   가방을 복도 으슥한 곳에 숨긴다.
3. 우리 반 교실 말고 딴 반 교실에 들어간다.
   "저기요…… 옆반에서 왔는데 시험지 남는 것 좀 있나요?"
4. 시험지 받자마자 가방을 숨겨놓은 곳으로 튄다.
   교과서와 자습서를 보면서 문제를 다 푼다.
5. 우리 반 교실로 들어간다. 물론 답은 머리에 입력 완료~
   다만 조금 욕먹을 각오는 해야 한다.
   "야! 이 자식이 시험 20분 남았는데 이제 들어 오냐???!!!"
6. 머리에 입력된 답을 답안지에 옮긴다.
   시험지 보고 약간 고심하는 듯 해야 의심을 안 받는다.
7. 답안지를 정상적으로 제출하고 시험 후 답을 확인한다.

풍자와 해학   유머 보따리

우리나라에서 하지 말아야 할 것 다섯 가지

1. 정치에 관심을 갖지 마라
   (특히 고혈압 환자는 절대 금물이다)
2. 연예인 하지 마라
   (자기 이름이 들어간 몰래카메라가 언제 어디서 튀어나올지 모른다)
3. 아프지 마라
   (병원 문 언제 닫을지 모른다)
4. 금고에 돈 넣어두지 마라
   (그 돈 어디로 갔는지 못 찾는 경우가 더 많다)
5. 택시운전을 하지 마라
   (연예인이 들이받고 달아날 경우 본전도 못 건진다)

신세대 퇴근 방법

이승복형 : 나는 죽어도 야근은 싫어요.
이순신형 : 나의 퇴근을 아무에게도 알리지 마라.
나폴레옹형 : 내 사전에 야근은 없다.
맥아더형 : 나는 퇴근하지 않는다 다만 사라질 뿐이다.
김 구형 : 나의 첫 번째 소원은 퇴근이요. 두 번째도 소원은 퇴근이요.

지하철에서 있었던 일

늦은 저녁시간 4호선 지하철을 타고 가고 있었다.
대부분 띄엄띄엄 앉아있고 내 앞에는 술에 취한 듯한 아저씨가 한 분

풍자와 해학　　유머 보따리

이 앉아 계셨다.
 갑자기 술 취한 아저씨가 나보고 이리 와보라고 손짓을 한다.
 그냥 아무렇지 않게 다가갔다.
 옆에 앉으란다.
 아저씨 왈 "이 지하철 기름으로 가는거 맞지?"
 나는 "아니요. 전기로 가는거죠, 지하철은."
 그러자 아저씨가 "헉! 이런……"
 그러시더니 다음 역에서 후다닥 내리시는 것이었다.
 조금 더 가다가 방송에서 이런 말이 나왔다.
 "이번 역은 길음. 길음 역입니다. 내리실 문은……"
 아…… 아저씨에게 정말 죄송하다…… 막차였는데……

립스틱

 어느 겨울날 아침 학교에 가라고 어머니가 우리를 깨우셨다.
 "맨날 늦을래? 빨리 일어나!"
 "엄마 3분만."
 "엄마 1분만."
 내가 먼저 일어났고 동생은 계속 자고 있었다(역시 의지의 한국인 ^^).
 결국은 부엌에 있던 어머니가 참지 못하고 동생을 깨우러 방에 들어가서서 동생을 흔들기 시작했다.
 "어머. 얘 입술 좀 봐. 다 헐었잖아. 그렇게 항상 바르고 다니라니깐……"
 그러면서 동생 책상에 있던 립스틱을 가지고 와서 자는 동생입술에 억지로 발랐다.

풍자와 해학   유머 보따리

"우 브브브브" (이리 뒹굴 저리 뒹굴)

"가만 있어봐. 움직이니까 잘 안 발라지잖아. 날씨가 갑자기 추워져서 굳었나?"

그러면서 더욱 눌러서 자는 동생의 입술에 억지로 발랐다.

고문 아닌 고문에 동생은 견디지 못하고 일어났고 어머니는 다시 부엌으로 가셨다.

내가 세수를 하고 나오자 동생은 이불에 앉아 멍하니 있었다.

"야, 너 학교 안 갈 거야?"

동생은 대꾸도 없이 손에 들고 있는 챕스틱만 바라보며 눈물만 질질 흘리고 있었다.

"음...... 읍............읍......"

"야, 장난하지 말고 빨랑 학교 가······"

동생이 조용히 나에게 챕스틱을 건네주었다.

그 순간 저는 완전히 뒤집어지는 줄 알았습니다.

나두 같이 눈물을 흘립니다······ 너무 웃느라고. 거기엔 이런 문구가 있더군요.

"소리 없이 강합니다. 무엇이든 1분이면 다 붙습니다."

립스틱 모양의 초강력 순간 접착제였습니다.

 풍자와 해학   유머 보따리

학회실에서 생긴 일

대학교 학회실에서 일어난 일이다.
점심시간이 끝나고 나른한 오후에 학생들은 수다를 떨며 수업시간을 기다리고 있었다.
이 때 갑자기 교수님이 들어오시더니
교수님 : 음. 과대표 어디 갔나?
학생들 : 잘 모르겠는데요
마침 그 때 한 학생이 학회실로 들어왔다.
교수님 : 어이, 거기! 자네…… 자네, 머리 모양이 그게 뭔가…… 자네가 무슨 폭주족인가?!! 아니면 연예인인가!! 말 좀 해보게!!!
학 생 : 저…… 어……
교수님 : 학생이 학생답게 하고 다녀야지. 안 그런가? 왜 말이 없나?!!
학 생 : 저…… 어…… 그릇 찾으러 왔는데요.

아프리카 여행

미국인, 일본인 그리고 한국인 이렇게 세 명이 아프리카를 여행하다 무단침입으로 야만인들에게 붙잡혀 곤장 100대씩을 맞게 되었다.
다행히 야만인 추장은 이들에게 한가지씩 소원을 들어 주기로 했다.
첫번째 미국인은 "제 등 뒤에 방석 6장을 올려 주십시오."
추장은 소원을 들어주었다. 그리고 곤장 100대를 맞았다.
하지만 방석이 너무 얇아 70대째에 방석이 다 찢어져 나머지 30대를 맞곤 아물아물한 정신으로
"그래도 나는 창조력이 뛰어난 민족이야."
하고 중얼거리더니 정신을 잃고 말았다.

풍자와 해학　　유머 보따리

이 과정을 쭉 지켜본 일본인은 "제 등 위에 침대 매트리스 6개를 올려 주십시오."

일본인의 소원을 들어 주고 곤장이 시작됐다.

일본인은 100대를 맞는 동안 줄곧 웃기만 하다 일어났다.

"역시 나는 모방의 기술이 뛰어난 민족이야."

하며 매우 좋아했다.

야만인 추장은 이제 마지막으로 남은 한국인을 향애

"자, 네 소원은 무엇이냐?" 하고 물었다.

한국인은 의미심장한 미소를 지으며 "저 일본놈을 제 등 위에 올려주십시오."

다불유시 (多不有時)

어떤 한 사내가 있었다.

이 사내는 매일 아침 조깅을 했다.

하루는 동네를 돌다가 나무로 된 낡은 쪽문에 '多不有時(다불유시)'라고 적혀 있는 것을 보게 됐다.

"많고, 아니고, 있고, 시간?"

"시간은 있지만 많지 않다는 뜻인가?"

"누가 이렇게 심오한 뜻을 쪽문에 적어놨을까?"

"이 글을 적은 분은 분명 학식이 풍부하고 인격이 고매하신 분일거야. 오늘은 꼭 그 분을 한번 만나봐야지."

사내는 그 글을 쓴 사람이 너무나 궁금해서 작심을 하고 문을 두드려 보았다.

그러나 안에서는 아무 소리도 들리지 않았고 나오는 이도 없었다.

한참을 기다리니 옆집 대문에서 웬 런닝 차림의 할아버지가 나왔다.

풍자와 해학   유머 보따리

"어이, 거기서 뭐하는거요!"
"아, 예. 여기 사시는 분을 좀 만나뵈려고요."
"잉? 거긴 아무도 안 살아."
"네? 이런…… 사실은 이 한자성어을 적으신 분을 한 번 뵈려 했는데……"
"그거, 그건 내가 적은거야."
"그러세요? 정말 뵙고 싶었습니다. 할아버님, 여기가 대체 무슨 문입니까?"
"여기? 별거 없어. 화장실이야."
"화장실이요? 여기가 화장실이라고요? 그럼 이 글의 뜻은 멉니까?"
"아, 이거? 다불유시(WC)야. 다불유시. 왜 요즘 사람들은 화장실도 영어로 말하는지 모르겠어. 내가 영어를 알아야지."

풍자와 해학　　유머 보따리

화장실의 진리들

1. 바지 까다 주머니속 동전들 사방팔방으로 굴러떨어질 때
   10원짜리 라면 상관 안하겠지만 500짜린 절대 포기 못한다. 바지 다시 올리고 옆칸으로 가서 노크한다.
2. 벌어진 문틈으로 사람들이 힐끔힐끔 자꾸 쳐다볼 때
   2~3㎜라면 그냥 참겠는데, 5㎜이상이면 진짜 열받는다. 몸을 최대한 좁혀서 문틈 밖으로 나를 노출시키지 않으려고 무지 애쓴다. 일 끝나면 골반뼈까지 뻐근하다.
3. 남녀공용인데 밖에서 여자가 기다릴 때
   초기에 방구소리 라도 날 까봐 열라 신경 쓰인다. 헛기침도 해보고 물도 내려보고 하지만 불시에 나오는 소리에는 대책 없다.
4. 휴지 없어 살펴보니, 웬 뭉치
   화장지 걸이 위에 겹겹이 쌓인 뭉치 휴지, 닦으려 펴보니 누가 벌써 끝낸…… 누군지 잡히면 죽여버리고 싶다.
5. 문고리 없는 화장실에서 손잡이 잡고 일 볼 때
   엉거주춤한 자세(일명 기마자세)로 5분만 버티면 다리가 후들거리고, 이마에서 구슬땀이 솟는다. 더 황당한 건 밖에서 눈치 없는 놈이 문 열라고 열라 당길 때, (운동회 줄다리기는 저리 가라다). 변기와 문과의 거리가 멀 때는 거의 치명적이다.
6. 겨울에 바바리 입고 들어갔는데 옷걸이 없을 때
   바바리 걷어올려 안고 있으랴 바지 까내리랴 정신 없다. 잘못해서 (특히, 일 끝나고) 새로 산 바바리 끝자락이라도 변기에 빠지는 날엔 정말 울고 싶어진다.
7. 담배공초 휴지통에 버렸는데 거기서 연기 날 때
   침 열라 뱉어봐도 꺼지지 않으면 최후엔 변기 속에 손 집어 넣는다.

풍자와 해학　　유머 보따리

8. 옆칸에서 어떤 놈이 계속 무언가를 요구할 때(?)
담배 한 개비만 빌립시다(밑에서 손이 쑥~). 죄송하지만 불도 좀 (다시 쑥~). 휴지도 좀 (또다시 쑥~)
(귀신은 뭐하나, 저런 화상 안 잡아가고……) 마지막으로 청소하는 아줌마 밀대자루가 앞에서 쑥~, 못 피하는 날엔 구두 작살난다.

9. 변기에 침 뱉는다는 게 실수로 거시기 맞았을 때
원망할 사람 아무도 없다. 휴지 열라 풀어 닦고 또 닦는다.

10. 위의 것들 중 세 가지 이상 중복할 때
문틈 많이 벌어지고 문고리 없는 화장실에 바바리 입고 들어가 일보는 와중에 휴지통에서 불날때 등등……두말하면 잔소리다. 거의 죽음이다.

맞긴 맞구만

어느 군대에서 별 뾰족한 특기도 없어 그냥 남들과 똑같이 군대생활을 시작한 박모군이 있었다.

그러던 어느날 박모군은 통역병을 선발한다는 소식을 들었다.

통역병이 되면 군대생활을 편하게 할 수 있다는 생각에 아는 영어라고는 "Hi" "What time is it now?" 정도밖에는 없었지만 한번 응모해 보기로 결심했다.

그리고 어찌어찌해서 박모군은 결국 통역병이 되었다.

그리고 한달 뒤에 일이 터지고야 말았다.

바로 박모군이 속해 있던 부대가 옆에 있던 미군부대와 마찰이 생긴 것이었다.

두 부대 상관들은 영어와 한국말로 서로 험한 말로 실랑이를 하다가 고참이 통역을 불렀다.

풍자와 해학　　유머 보따리

"야! 거기 통역! 너 나와!"
"예!"
박모군은 눈썹이 휘날리게 뛰어 나갔다.
그러자 고참이 그를 보고 말했다.
"자네가 통역병이야? 지금부터 내가 하는 말 한마디도 빼지 말고 그대로 전달해!"
그리고 고참이 말했다.
"미국은 우리의 우방국가다."
그러자 박모군이 잠시 머리를 쥐어 뜯다가 말했다.
"We are the world!"
잠시 후 고참이 또 말했다.
"그래도 공은 공이고, 사는 사야!"
이 상황에서 아는 것이 없는 박모군은 아주 처절한 목소리로 이렇게 말했다.
"But Ball is all. Four is four!"

풍자와 해학 유머 보따리

세 여자

세 여자가 죽어서 나란히 저승에 가게 되었다.

세 여자는 염라대왕 앞에서 차례로 천국과 지옥 심판을 기다리고 있었다.

염라대왕 : "그래 너는 어떻게 살았느냐?"

여자 1 : "저는 결혼하기 전에는 남자를 쳐다보지도 않고 결혼 후에도 남편만 보면서 살았습니다."

염라대왕 : "음…… 보기 드문 여자군…… 자…… 천국으로 가는 열쇠다."

이제 여자 2 차례가 되었다.

염라대왕 : "그럼 너는 어떻게 살았느냐?"

여자 2 : "결혼하기 전에는 많은 남자들이 있었지만 결혼 후에는 남편만 보고 살았습니다."

염라대왕 : "음…… 과거는 안 좋지만 마음 바로잡고 잘 살았군…… 자……천국으로 가는 열쇠다."

이제 여자 3이 다가왔다.

염라대왕 : "그래 너는 어떻게 살았느냐?"

여자 3 : "그냥 별 거 없어요. 결혼 전에는 여러 남자를 맛 가게 했구…… 결혼 후에도 남편 몰래 바람 피우면서 여러 남자 맛 가게 했죠……"

염라대왕 : "아니!! 이런 괘씸한 것!!! 자, 받아라……"

여자 3 : "아니?? 이게 무슨 열쇠죠?"

염라대왕 : "내 방 열쇠다."

풍자와 해학   유머 보따리

학과별 파리 죽이는 방법

경찰학과
파리 한 마리를 고문하여 프락치로 만든 뒤, 다른 파리들을 일제 검거한다.

경찰학과 - 야간
파리 중 어리버리한 파리 한 마리를 생포한 뒤 이근한의 고문기술을 전수시켜준다.

정치학과
파리떼를 여당과 야당으로 편을 나눈다. 알아서 싸우다 뒤진다.

전파공학과
파리에게 핸드폰을 공짜로 나눠준 뒤, 핸드폰 과다 사용으로 일찍 죽게 만든다.

유전공학과
유전자 변경 두부를 미끼로 사용하여 씨를 말린다.

약학과
파리에게 치사량의 수면제를 먹인다.

화학과
지독한 화학 조미료를 만들어 파리가 다니는 길목마다 대변 모양으로 쌓아둔다.

광학과
거울을 만들어 파리 앞에 놔두고 자살을 유도한다.

철학과
모든 파리는 죽는다. 따라서 일부러 죽일 필요가 없다.

무역학과
파리를 정력제라고 속여 한국으로 수출한다.

풍자와 해학 유머 보따리

수학과

파리를 뫼비우스의 띠 위에 올려놓아 평생동안 걷도록 한다.

전자공학과

초음파로 파리를 퇴치한다.

미술학과

노란 물감을 타서 파리가 응가인 줄 알고 달려들면 뒤에서 밀어 익사시킨다. 아니면, 컴매트를 사서 바퀴벌레 그림을 파리 그림으로 바꾼 뒤 파리가 즐겨 다니는 길목에 놓아둔다.

사진학과

암파리를 꼬드겨 야한 사진을 찍어 주간지에 공개한다.
그 뒤 언론 플레이를 통해 암파리의 자살을 유도한다.

풍자와 해학 유머 보따리

해피야, 저리 가

어떤 사람이 약혼자 집에 처음으로 저녁 초대를 받아 가게 되었다.

때 빼고 광 내고 엄청 준비를 했는데 너무 긴장을 해서 점심 먹은 게 소화가 잘 안되서 속에 메스껍고 방귀가 자꾸 나오더니 급기야 설사까지 하게 되었다.

하지만 약속시간이 되어서 약혼자 집으로 갔고, 때마침 저녁식사 시간이어서 속이 불편함에도 불구하고 하는 수 없이 식탁에 앉아서 밥을 먹게 되었다.

그런데 아뿔싸, 그만 버들피리(?)소리가 나오고 말았다. 이 약혼자는 너무나 부끄러워 고개를 들기가 힘들었다.

그런데 약혼자의 아버지가 식탁 밑을 쳐다보더니 그 청년 다리 밑에 앉아 재롱피우는 애완견을 보면서

"해피야, 저리 가."

하는 것이였다.

청년은 약혼자의 아버지가 알면서도 무안하지 않도록 개가 한 것처럼 하는 배려 깊은 행동에 깊은 감명을 받았다.

그런데 잠시 후 이 약혼자 또 실수를 하였다. 이번에는 더 큰, 가죽 소파 찢어지는 소리를 내고 만 것이다. 그런데 이번에도 약혼자의 아버지는 식탁 밑의 애완견을 보고

"해피야 저리 가라니까."

하는것이 아닌가. 청년은 너무나도 큰 감동을 받았다.

그런데 청년이 또 실수를 하였다. 거의 화장실 옆 칸에서나 들을 수 있는 소리를 내고 만 것이다.

역시나 아버지는 애완견을 보더니,

"야, 해피야 저리 가라…… 거기 있다가는 똥 덮어 쓰겠다."

벽 속의 공포

건설회사 직원인 A씨는 독신자 아파트로 이사를 하였다.

그런데 이사를 간 후, 그의 몸은 식사를 잘 하는데도 불구하고 계속 살이 쭉쭉 빠지는 것이었다. 결국 70킬로나 나가던 몸무게가 한달만에 무려 40킬로로 줄어버린 것이다. 그런데 그 이유는 자기 방에서 누군가 자기를 감시하고 있다는 느낌을 받아 밤마다 잠을 설치기 때문이었다.

그러던 어느날이었다.

A씨는 저녁식사 준비를 위해서 아파트 상가의 슈퍼마켓에 들렀다.

그 곳에서 그는 우연히 이웃 아줌마들의 얘기를 엿듣게 되었다.

"얼마전에 총각 A씨가 이사온 그 집 알지?"

"응. 근데 그 집이 왜?"

"글쎄, 몇 년 전에 그 집 전 주인이 자기 둘째 부인을 죽여 벽 속에 숨겨 놨데."

"뭐?! 정말이야?"

그 얘기를 듣는 순간, A씨는 너무나 놀라 까무러칠 뻔했으나 곧 정신을 가다듬고 곧바로 철물점에 가서 드릴 등의 공구를 사서 집으로 향했다.

'요즘 세상에 어떻게 그런 해괴망측한 일이 있을 수 있지?'
생각하며 한편으론 겁이 무척 났지만 그래도 용기를 내 안방 벽을 뚫기 시작했다.

"드드륵----"

얼마간 계속 드릴을 이용해 벽을 뚫던 그는 벽이 조금씩 뚫리면서 까만 것이 나타나는 것을 보았다. A씨는 한순간 흠칫하면서도 '설마'하는 기분으로 이번에는 좀 밑을 다시 뚫었다. 뚫린 구멍으로 들여다보니 먼가 하얀 탁구공 같은 것이 뱅글뱅글 움직이고 있는 것이었다. 더 자세히

풍자와 해학   유머 보따리

살펴보니 그것은 하얀 눈알이었다!!
 A씨는 갑자기 머리카락이 곤두서면서 온몸이 쭈뼛쭈뼛 나무 막대기 마냥 굳어지는 것을 느꼈다. 그때, 벽을 통해 들려오는 찢어지는 듯한 여자의 목소리.
 "아저씨, 남의 집 벽은 왜 뚫는 거예요??"

노처녀의 희망사항

 과학의 발달로 결혼을 앞둔 선남선녀들에게도 획기적인 상품이 출현하였다. 그것은 바로, 자신의 희망사항을 모두 입력시키면 이상적인, 가장 이상적인 상대를 소개시켜 주는 만능컴퓨터였다.
 한 노처녀가 컴퓨터 앞으로 다가가서 부푼 가슴을 안고 자신의 희망사항들을 일일이 입력시켰다.
 '과연 이런 남자가 세상에 있을까' 하는 생각도 해보면서 평소에 늘 꿈꾸어 오던 모든 사항을 입력시켰다.
 - 즐겁게 해 달라고 하면 언제나 멋진 음악과 춤을 선사할 수 있고
 - 우울할 때는 풍부한 유머 감각으로 날 즐겁게 해주고
 - 심오한 지식을 갖춘 지성미를 지적 욕구를 채워주며
 - 경제적인 감각과 정치적인 소신이 확고하며
 - 언제나 아이들과 친구가 되어 잘 놀아주며
 - 휴일엔 항상 가족과 함께, 더불어 즐거움을 베풀며
 - 조용히 하라고 하면 즉시 입을 다무는, 그런 상대를 골라주세요!

 그러자 컴퓨터는 다음과 같이 응답하는 것이었다.
 "텔레비전을 한 대 사시오!!!"

풍자와 해학   유머 보따리

자갈치 아지매의 영어실력

부산 자갈치 아지매가 정류장에서 버스를 기다리고 있었다.
그 옆에는 미국인 여자가 같이 버스를 기다리고 있었다.
기다리던 버스가 오자, 자갈치 아지매가 하는말……
"왓데이……(What day)"
그러자 미국인 여자가 눈이 휘둥그레지면서 하는말……
"Monday……(먼데이)"
자갈치 아지매가 그 말을 듣고 대답하기를……
"버스데이……(birthday)"
그러자 미국인 여자 왈……
"congratulation."

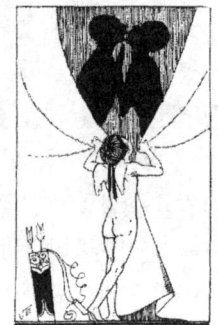

직업별 거짓말

선생님 : 이건 꼭 시험에 나온다!
웨딩 사진사 : 제가 본 신부 중에서 제일 예쁘네요!
중국집 주인 : 네!네! 방금 출발했습니다!
신인 배우 : 외모가 아닌 실력으로써 인정받고 싶어요!
남대문 리어카 : 오늘은 이거 밑지고 파는 거예요!
정치가 : 한 푼의 돈도 받지 않았습니다.!
약장수 : 이 약 한번 잡숴봐! 팔, 다리, 어깨, 허리 아픈거 다 나아 아주 쉬원해져요~!
교장 선생님 : 마지막으로 딱 한 마디만 더 하겠습니다.
엄마 : 대학 가면 다 빠지니깐 지금은 부지런히 먹어라.
연예인 : 우리는 그냥 선후배 사이일 뿐이예요.

풍자와 해학 유머 보따리

비행기 조종사 : 승객 여러분, 아주 사소한 문제가 발생했습니다.
회사원 : 예~ 다 돼갑니다.
옷가게 주인 : 어머~ 언니, 너무너무 예쁘다~

어떤 여자 이야기

어떤 한 여자가 남자친구랑 오늘도 어김없이 데이트를 하고 있었다.
그런데 오늘따라 남자친구가 너무너무 자상하게 대해 주었고…… 손수건으로 눈을 가려 주면서 말했다.
"이거 절대 풀지 말구 내가 가는데루 그냥 따라오기만 해. 알았지?"
여자는 남자를 믿구 따라갔다.
느낌으로 어떤 집에 들어가는 걸 알 수 있었는데, 아마 남자친구의 집이었으리라……. 그리고는 그녀를 쇼파에 앉히고 자기는 화장실에 갔다 올테니까 절대로 손수건을 풀지 말구 기다리라고 했다.
그런데 하필…… 그때 방귀가 나오려는 게 아닌가……. 참아보려고 애써 보았지만 도저히 참을 수가 없었다. 그래서 그녀는 남자친구가 화장실에 가 있으니 몰래 방귀를 뀌기로 했다. 그런데 방귀 소리가 너무 크게 나는 것이었다.
그래서 여자는 냄새라도 없애기 위해 스커트를 펄렁펄렁 손으로 털면서 손으로 허공을 휘휘 저었다. 그때 남자가 화장실에서 나오는 소리가 들렸다.
여자는 재빨리 쇼파에 다시 앉아서 고상하게 있었다. 그때 남자가 손수건을 풀어주었다.
"궁금했지?"
"응"
남자 친구가 손수건을 풀어주자 여자는 거품을 물고 그 자리에 쓰러

졌다.
　여자의 눈앞엔 남자의 가족들과 친구들이 맛있는 음식들과 함께 그 자리에 앉아 있었던 것이다.

무식한 남자

　엄청 무식한 남자가 친구의 도움에 힘입어 거짓말을 하고 미팅에 나가게 되었다.
　그런데 미팅에 나온 여자가 이 남자가 평소 그리던 이상형의 여자였다.
　"저…… 어느 학교 다니세요?"
　여자가 아주 다소곳이 물었다.
　남자는 순간 도저히 백수라고 대답을 할 수가 없어서 거짓말을 했다.
　"하하하, 지금 미국에서 유학중입니다!"
　이 말에 여자의 눈빛이 달라지면서 다시 물었다.
　"어머…… 그럼 영어는 잘 하시겠네요?"
　거짓말이 또 다른 거짓말을 낳는다고 남자는 차츰 더 대담해져서 거짓말을 계속 했다.
　"물론……. 제가 좀 하죠! 하하하!"
　여자는 몸을 한껏 앞으로 당겨 앉으면서 다시 물었다.
　"그럼 인터넷도 엄청 잘하시겠어요?"
　순간 이 남자에게 최대의 위기가 닥친 것이었다.
　인터넷은 커녕 컴퓨터도 그냥 어깨 너머로 주위들은 수준이기 때문이다.
　"하하하, 하드웨어의 일종인 인터넷 말씀이신가요?"
　이 말에 여자는 약간 얼굴이 변하면서 다시 물었다.

풍자와 해학　　유머 보따리

"어머, 호호호. 농담도 잘하셔!"
남자는 다시 생각에 잠긴 후 다시 말했다.
"아! 죄송합니다. 소프트웨어의 일종이죠?"
그러자 여자는 자리를 박차고 일어나며 말했다.
"웃겨, 정말! 야 공부 좀 해라, 유학생? 흥!"
남자는 나가는 여자의 뒷모습을 묵묵히 바라보다가 커피숍에서 나왔다. 한참을 가다가 그는 한 서점 앞에서 이런 책을 봤다.
<인터넷으로 세계를 여행한다>
이것을 본 남자는 갑자기 자기의 머리를 쥐어박으며 말했다.
"우쮜! 여행사 이름이었구나!"

풍자와 해학   유머 보따리

티코에 대하여

1. 티코의 주차 금지 구역
   ① 바람이 많이 부는 곳 – 날아간다.
   ② 쥐나 고양이가 자주 다니는 곳 – 물어간다.
   ③ 아이들이 노는 곳 – 장난감인 줄 안다.
   ④ 오토바이 있는 곳 – 뒤에 싣고 훔쳐간다.
   ⑤ 술집 근처 – 취객들이 때린다.
   ⑥ 비오는날 노상 – 떠내려간다.

2. 티코가 지나가서는 안될 곳
   껌이 있는 곳

3. 티코가 빨리 달리는 3가지 이유?
   ① 쪽팔려서
   ② 프라이드처럼 보이려고
   ③ 바람이 세서!

놀부가 기가 막혀

흥부와 놀부가 하늘나라에 가서 판사의 심판을 받게 되었다.
하늘의 판사가 흥부에게 먼저 물었다.
"이승에서 나쁜 일을 몇 번이나 했느냐?"
"3번입니다."
곧 판사의 판결이 내려졌다.
"흥부를 바늘로 3번 찔러라."
이번엔 판사가 놀부한테 같은 질문을 했다.
놀부는 속으로 나쁜 일을 많이 했다고 하면 팔이 아파 바늘로 못 찌를

풍자와 해학   유머 보따리

거라고 생각하고
"셀 수 없이 많습니다."
라고 대답했다. 그러자 판사가 말했다.
"조 놈을 재봉틀로 박아라."

이런 거 해봤쑤?

1. 신입생 OT때, 뜨거운 신라면 국물 원샷 하다가 건더기가 목에 걸려 켁켁대며 뒹굴러봤쑤?…… 나 해봤쑤……

죽는 줄 알았쑤…… 웬만하면 이런 거 하지 마쑈……

딴건 다 원샷 하겠는데, 신라면 국물은 좀……

2. 오랜만에 미니 스커트 입고 학교 왔다가, 5층 도서관 계단에서 나뒹굴러 떨어져봤쑤?…… 나 해봤쑤……

그 후 한동안, 도서관 주원 얼씬 안하고, 가발에 변장하고 다녔쑤……

3. 때빼고, 광내고, 화장 이빠이 하고, 열라 섹쉬한 척 외출하다가, 날아 가는 제비똥 얼굴에 정면으로 맞아봤쑤?…… 나 맞아봤쑤……

눈 따가와 죽는 줄 알았쑤……

4. 어렸을 적 언니랑 소꿉장난하면서, 바둑알을 음식이라며 서로 먹여주다가 바둑알 세 개 통째로 삼켜봤쑤?…… 나 삼켜봤쑤……

막상 먹고 나선 아무렇지도 않았는데, 그 후…… 몇 달동안 온 식구가 보는 앞에서, 마루에 신문지 깔아놓고 응아하는데…… 어린 나이에 쪽팔려 죽는 줄 알았쑤…….

2개는 밖으로 나왔는데, 아직까지도 하나는 못 찾았쑤.

5. 학원시간 늦어서 그것도 혼자 시내 한복판을 열라 뛰어가다가 마침 극장에서 영화 다보고 우르르 나오는 인파들 앞에서 동서남북으로 사지 뻗고 자빠져봤쑤?…… 나 해봤쑤……

풍자와 해학   유머 보따리

넘어진 그 순간에 이대로 시간이 멈추길 바랬지만…… 그렇지 않았쑤……. 그 순간 난 이렇게 외쳤쑤? "어무이……, 왜 절 낳으셨나여?……"

6 캠퍼스에서 책 옆에 끼고 열라리 우아한 척 걸어가다가, 단대 앞에서 족구하는 사람들이 던진 공…… 정면으로 눈에 맞아봤쑤?

나 맞아봤쑤……. 캠퍼스 안에서 족구하는 분덜…… 조심 좀 하쇼……. 아픈 것 보다 쪽팔려 죽는 줄 알았쑤…….

7. 고딩 때, 친구랑 무단횡단 하다가 순경한테 걸려서 길거리에서 20분 동안 꿇어 앉아봤쑤? 나 해봤쑤…….

다른건 다 참겠는데 어떤 아는 애가 그런 우리를 발견하고 막 말을 걸었쑤. 흑……. 그 담날 학교 소문 다 났쑤. 애덜이 하는 말……

"너 어젯밤에 길거리에서 모했냐?……"

8. 열심히 생선 뜯어먹다가, 생선가시 목에 걸려, 야밤에 응급실에 실려간 적 있쑤? 나 있쑤…….

그 망할 놈의 생선……

9. 자전거 타고, 딴 생각하면서 가다가 전봇대에 부딪쳐, 3㎝ 이상 하늘에 붕 떴다가, 그대로 자전거에 떨어져본 적 있쑤? 나 있쑤…….

공중에 붕 뜨는 순간…… 온 시가지가 내 눈에 들어왔수…….

남산타워 갈 필요를 못 느꼈쑤……

10. 지하철에서 급히 내리다 지하철 문에 목만 껴봤쑤? 난 껴봤쑤…….

그 후 며칠동안 지하철 안타고 다녔쑤…….

11. 하품 하다가 파리가 입으로 들어간 적 있수? 나 있쑤…….

그러다가 그 파리가 잠시 후 코로 나온 적 있수? 나 있수……

뒷맛이 짭쪼롬 한 것이 찝찝해 죽는 줄 알았쑤…….

풍자와 해학   유머 보따리

컴맹 이야기

진짜루 컴이라면 일자무식인 사람이 있었다. 그 인간의 친구가 노트북을 샀는데 컴맹은 지딴에도 그것이 신기해 보였던지 친구한테 노트북 좀 빌려 달라고 했다. 근데 비밀번호를 입력해야 하는 프로그램이 있어서 그 컴맹이 친구더러 비밀번호 좀 알려달라고 했다.

그래서 그 친구는 컴맹 몰래 비밀번호 4자리를 눌렀다.

컴맹은 뭘 하는지 컴을 신나게 두들겼다.

다음날……. 그 컴맹이 다시 친구에게 노트북을 빌려달라고 했다.

친구 왈 "비밀번호 풀어서 줄게."

그러자 컴맹 왈 "나, 니 비밀번호 알아."

친구는 놀랐다.

'이 컴맹이 어떻게 내 비밀번호를 알아냈지?'

친구는 컴맹에게 물었다.

"니가 어떻게 알어?"

친구 왈

"니 비밀번호 별 4개잖아!"(****)

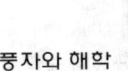

식인종에 잡힌 여고생

여고생과 여대생이 아프리카로 무전 여행을 갔다가 그만 운이 없어 무서운 식인종에게 잡혔다. 그리고 둘은 알몸으로 양념이 잘된 식인종의 국솥 속으로 들어가게 되었다. 그러나 이런 긴박하고 무서운 상황 속에서 여고생이 자꾸 킥킥 웃는 것이 아닌가.

여대생 : 너 제 정신이니? 이런 판국에 웃음이 나와?
여고생 : 쉿! 언니만 들어. 나 지금 국속에다 쉬했다!

경험 있으신가요?

1. 이것은 통상 남자와 여자가 하지만 때로는 여자와 여자, 남자와 남자가 하는 경우도 있다.
2. 이것은 보통 침대 위에서 하지만 어떤 경우는 버스 안에서 병원에서 또는 때와 장소를 가리지 않는다.
3. 이것을 처음 할 때는 마음이 두렵고 몹시 망설여 지지만, 일단 한번 하고 나면 개운하고 또 하겠다는 마음이 생긴다.
4. 통상 남자들이 많이 하려고 하고, 여자는 잘 안하려고 한다(글쎄?).
5. 길거리를 가다가 보면 이것을 하라고 부르는 여자도 있다.
6. 보통 이것은 20대에 많이 경험하지만 10대라고 해서 못할 것은 아니다. 또한 30대, 40대 나이에 상관없이 한다.
7. 이것을 하다가 보면 출혈의 소지가 있다. 하지만 뭐 그다지 신경쓰지 않아도 된다.
8. 이것을 할 때는 에이즈 등에 전염될 수도 있고 실제로 그런 황당한 경우가 있다.
9. 이것을 너무 자주하면 건강에 좋지 않다.

풍자와 해학   유머 보따리

10. 이것을 사랑하는 마음으로 해야 한다. 그렇지 않으면 이것의 의미가 반감된다. 이것은?

헌 혈!

거긴 배꼽이 아니잖아요.

데이트를 하다 심심해진 남자가 여자에게 놀이 한 가지를 제안했다.
"가위바위보를 해서 이긴 사람이 손가락으로 진 사람의 배꼽을 찌르는게 어때?"
"좋아요."
가위바위보를 했더니 남자가 이겼다. 이긴 남자가 손가락으로 진 여자의 배꼽을 찌르려는 순간, 갑자기 정전이 됐다.
잠시 후, 어둠 속에서 여자가 신음소리를 흘리며 말했다.
"어머머! 이봐요, 거긴 배꼽이 아니잖아요?"
"그래? 사실은 나도 이게 손가락이 아닌데."
곧 불이 들어왔다. 그리고 남자는 여자의 콧구멍에 넣었던 발가락을 얼른 빼고 말았다.

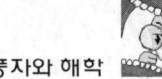

대 기

남여 대학생 선후배가 모여서 농담을 하고 있었다. 얘기 도중 한 남자 선배가 여학우들이 들으라며 한 마디 한다.

남선배 : 야, 우리 남자는 말이야 어렸을 때 오줌 누면서 누가 멀리까지 나가 나 내기하곤 했는데 여학생 니들은 이런 내기 못해 봤을 거다. 이 말을 들은 한 여학생이 울분을 참지 못하며 말했다.

여선배 : 우리도 그런거 해봤어요. 누가 깊이 패이나!

물침대가 터졌어요.

한 늙은 남편이 평소보다 일찍 집에 들어오게 되었다. 그런데 집안이 온통 물바다가 되어 있고, 그의 젊고 예쁜 아내가 섹시한 옷에 하이힐을 신고 서있는 것이었다.

남자가 놀라서 물었다. "여보, 무슨 일이야?" 젊은 아내가 떨면서 대답했다. "우리 물침대가 터졌나봐요." 남자가 침대를 살펴보려 하는데 침대 뒤에 한 발가벗은 젊은 남자가 숨어있는 것을 발견했다.

"이 놈은 누구야!"

그러자 아내가 대답했다.

"글쎄요? 해양구조대인가봐요."

저녁밥

새로 결혼한 부부가 있었다. 남편이 결혼하고 처음으로 회사에 갔다. 신부는 저녁을 차려놓고 기다리다가 남편이 집으로 돌아오자 반갑게 맞으며 말했다.

풍자와 해학   유머 보따리

"여보, 저녁 드세요."
그러자 남편은 식탁은 보지도 않은 채 신부를 보며 말했다.
"아니야, 난 당신이면 돼."
그리고는 신부를 안고 침실로 향했다. 다음날도 그랬고 그 다음날도 또 그랬다. 그런 일이 며칠간 계속되었다.
하루는 남편이 집에 오니 신부가 뜨거운 욕조에 들어가 있었다.
"당신 지금 뭐하고 있는 거야?" 그러자 신부가 대답했다.
"저녁밥 데우고 있어요."

석고상

한 부인이 애인과 침실에서 밀애를 나누다가 남편이 들어오는 소리를 들었다. 부인은 서둘러 베이비 오일과 하얀 분가루를 남자에게 뒤집어 씌우고 말했다.
"당신은 이제부터 석고상이니까 절대 움직이면 안돼요."
남편이 들어와서 부인에게 물었다.
"이게 뭐야?" "아, 그냥 석고상이에요. 옆집 철수엄마 집에 갔더니 침실에 석고상이 있더라구요. 좋아보여서 나도 하나 샀죠."
남편은 별 관심 없는 듯 저녁을 먹고 밤이 되어 잠이 들었다. 다음날 아침이었다.
남편은 일찍 일어나서 부엌에서 우유와 샌드위치를 들고 들어오더니 석고상에게 말을 했다.
"이것 좀 드슈. 내가 철수엄마네서 사흘 동안 석고상 노릇 해봐서 알지. 엄청 배고픈데 물 한잔 주는 사람 없더라구."

풍자와 해학   유머 보따리

처녀로 태어나 처녀로 살다 처녀로 죽다

어느 첩첩 산골에 할머니 한 분이 있었다.

어느날 이 할머니가 장의사를 찾아가 오래 살 수 없을것 같으니 묘비에 "처녀로 태어나 처녀로 살다 처녀로 죽다"라고 적어 달라고 했다.

과연 얼마후 이 할머니는 죽었고 장의사가 석수(石手)에게 비문을 불러주며 "처녀로 태어나 처녀로 살다 처녀로 죽다"라고 새겨달라 하였다.

그런데 이 석수가 무척 게으른 사람으로 퇴근할 때가 되었는데 "처녀로 태어나 처녀로 살다 처녀로 죽다"라고 새기려니 비문이 너무 길어 퇴근이 늦어질것 같아 머리를 써서 단 다섯 글자로 줄였다.

과연 이 게으른 석수가 "처녀로 태어나 처녀로 살다 처녀로 죽다"라는 말을 다섯 글자로 무어라 적었을까?

"미개봉 반납"

무시당한 귀신

만득이에게 하도 무시당하던 귀신이 정신병원을 찾아갔다. "흑흑. 선생님 제가 아무리 쫓아 다녀도 만득이는 절 무시해요. 지가 나한테 어떻게 그럴수가……."

귀신의 말이 채 끝나기도 전에 의사 선생님이 말했다.

"다음 환자!"

풍자와 해학   유머 보따리

할아버지의 관

오랫동안 매일처럼 싸워온 노부부가 있었다. 그들은 싸울 때마다 큰소리를 치고 가구들을 부수기 때문에 이웃들이 모두 알고 있었다. 할아버지는 항상 싸울 때마다 이런 말을 했다.

"내가 먼저 죽으면 무덤을 파고 올라와서 당신 죽을 때까지 따라다닐꺼야!" 그러던 어느날 갑자기 할아버지는 죽었고, 간단한 장례식을 치렀다. 할머니는 장례식이 끝나자마자 마을 사람들과 술을 마시며 축하 파티를 열었다. 걱정이 된 이웃 사람들이 할머니에게 다가와서 물었다.

"할머니 무섭지 않으세요? 할아버지가 무덤파고 올라와서 따라다니신다고 했잖아요?"

그러자 할머니가 말했다.

"훗~그 영감탱이 열심히 땅파라고 해! 내가 관을 뒤집어서 넣어놨으니까!"

미술가와 누드그림

초등학생 형제 두 명이 서재에서 고전 그림책을 보다가 이상하다는 듯이 동생이 형에게 물었다.

"형아, 왜 화가들은 누드를 많이 그려?"

그러자 형이 한심하다는 듯 동생의 머리를 쥐어박으며 말했다.

"바보, 그거야 옷 입고 그리면 여러 가지 물감이 필요하니까 그러는거지."

풍자와 해학 유머 보따리

인어공주

인어공주가 화장실에서 용무를 보고 있는데 한 사내가 노크도 없이 문을 열었다. 그러자 인어공주가 그 사내를 노려보며 말했다.
"안닫아 씨-(Under The sea)!"

다 되고 싶어요

바퀴벌레 네 마리가 죽어 염라대왕 앞에 갔다. 염라대왕은 그들이 불쌍해 소원을 들어주겠다고 했다.
첫번째 바퀴벌레는 소가 되고 싶다고 해 소가 됐다.
두번째 바퀴벌레는 새가 되고 싶다고 해 새가 됐다.
세번째 바퀴벌레는 쥐가 되고 싶다고 해 쥐가 됐다.
네번째 바퀴벌레는 욕심이 많았다. 그는 "모두 다 되고 싶다"고 했다.
그러자 그는 소세지가 되고 말았다.

확실한 성교육

맹구 엄마가 둘째를 임신했다. 때마침 기르던 개도 새끼를 낳게 되었다. 맹구 엄마는 아기가 어떻게 세상에 나오는지를 가르칠 좋은 기회라고 생각하여 맹구에게 강아지들이 태어나는 모습을 보여주었다.
몇 달 후, 엄마가 동생을 낳자 맹구는 아빠와 함께 아기를 보러 신생아실로 갔다. 유리창 너머로 가득한 아이들을 좋아라고 보고 있던 맹구는 문득 깨달은 듯, 아빠에게 물었다.
"저거 다 우리 거야?"

여학교 수업시간에 생긴일

모 여고 국어 선생님이 수업을 하다 무엇인가 이상한 낌새를 챘다.

여학생들이 괜히 키들키들 웃고 얼굴이 붉어지고 무슨말을 할듯 말 듯 하는 것이 아닌가?

아차! 선생님은 바지를 봤다. 아니나 다를까 지퍼가 내려가 남대문이 열려있었다.

선생님은 이 위기 수습을 위해 꾀를 생각했다.

선생님은 자연스럽게 교탁 뒤로 가서 상반신만 보인채 한 손으로 사태를 수습했다. 위기를 넘긴 선생님은 혹시나 하는 생각에 교탁뒤 자리에서 떠나지 않고 수업을 마쳤다.

그리고 해방의 종소리. 선생님은 나가시고 그때 교실은 웃음바다가 됐다.

왜 일까?

선생님을 쫓아서 꽃무늬 교탁보가 지퍼에 물린채 딸려나가는 것이 아닌가. 선생님은 그것도 모르고 교실문을 나가는 순간 얼굴이 붉어진채 그냥 도망갔다.

풍자와 해학   유머 보따리

양복점 주인

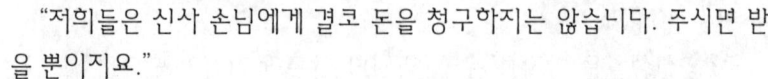

손님이 양복점 주인에게 물었다.
"왜, 나한테 지불을 청구하지 않는거요?"
"저희들은 신사 손님에게 결코 돈을 청구하지는 않습니다. 주시면 받을 뿐이지요."
"거 참 너그러운 일이로군. 그러다가 손님이 영영 지불하지 않으면 어떡하죠?"
"그럴리는 없지요. 어느 정도 기다리다가 지불을 하지 않으면 그 사람은 신사가 아니라고 단정하고 돈을 청구하니까요."

딱한 장모

처가집 종년이 제법 사내의 간장을 태울 만큼 예뻤다.
하루는 처가집에 들렸더니 장모가,
"여보게, 종년이 학질에 걸렸는데 영 떨어지질 않아 걱정일세"
"원 장모님두, 뭘 그런 걸 가지고 걱정을 하고 계십니까? 그거야 쉽게 낫는 법이 있지요. 제가 내일 가서 고쳐주지요."
이튿날 사위가 오더니,
"장모님, 종년을 후원 으슥한 곳으로 데리고 가서 병풍을 둘러쳐 놓으십시오. 그러면 제가 들어가 침을 두세번 놓겠습니다."
장모가 시키는 데로 하자, 병풍 안으로 들어가 호되게 혼을 내주었다. 종년은 처음 당하는 일이라, 겁이 나서 땀이 비오듯 했다.
이렇게 해서 종년의 학질은 떨어졌는데, 얼마후에 장모가 학질에 걸려 사위를 청한다. 이에 사위가 빙그레 웃으며,
"장모님의 학질은 장인 어른이 아니시면 못고치십니다."라고 말했다.

증 명

의자 가게에 새로 들어온 점원 아가씨가 소파에 누워 있었다. 이를 본 주인이 성을 발끈 내며,
"이것 봐! 손님이 오셨잖아? 바보가 아니고서야 어떻게 그리 소파에 누워 있나?"
점원이 빙그레 웃으며 한다는 소리가,
"손님에게 이 소파가 얼마나 푹신하고 편안한가를 실제로 보여드렸을 뿐이에요."

오십 년 전의 사건

어떤 나그네가 몹시 낡고 음산한 여관에 들게 되었다. 여관의 내부는 꼭 흉가처럼 무시무시해서 도깨비라도 나올 듯했다.

나그네는 아차 잘못 들어왔구나 싶어 되돌아 나오려 했으나 때는 늦어서 나그네 앞에는 험상궂게 생긴 여관 주인이 나타나 있었다. 할 수 없이 주인의 안내로 방에 들어가 본 즉, 방안은 더욱 음산하여 귀신이라도 나올 듯 했다. 그래서 나그네는 불안한 마음을 억누르며 주인에게 물어보았다.

"혹시 이 방에서 무슨 괴상한 일이 일어난 적은 없나요?"
"지난 오십 년 동안 한 번도 일어난 일이 없소"라고 주인은 냉정히 대답했다. 나그네는 조금 마음이 놓여 가슴을 쓰다듬었으나 그래도 미심쩍어 재차 물어보았다.

"그럼 오십 년 전에 일어났다는 사건은 무슨 일입니까?"
"이 방에 묵었던 나그네가 이튿날 아침에 무사히 조반을 먹고 나갔다는 사실입니다."

풍자와 해학 유머 보따리

뛰는 놈 위에 나는 놈

동대문에서 장사를 하는 용철이는 도무지 남을 믿지 않는 그런 사람이었다. 그는 걸핏하면 친구도 믿을 수 없다고 지껄였다.

어느날 밤 장사를 마치고 그날 번 돈을 방바닥에 쏟아놓고 그것을 간추리고 있는데 가까이 지내는 친구가 찾아왔다.

두 사람은 이런 저런 얘기를 나누었다. 그러면서도 용철이는 친구의 손이 혹시라도 방바닥에 있는 돈에 닿지 않을까 여간 조심하는게 아니었다. 이때 갑자기 불이 나갔다. 방안은 칠흙처럼 캄캄해지고 말았다. 그러자 용철이는 이 틈에 돈을 집어넣을지 모르겠다고 생각하고 그 친구의 손을 덥석 잡아쥐며,

"여보게, 자넨 나와 둘도 없는 친구지. 어릴 때부터 다정하게 지냈으니 이게 벌써 몇 십년인가? 앞으로 더욱 가까이 지내기로 하세. 죽을 때까지 말이네. 그래 우리가 살면 몇 백년을 살겠나, 안 그래?"

용철이는 계속 친구의 손을 흔들며 다정하게 말했다. 그러면서,

"여보, 어서 빨리 불좀 가져와요."

친구의 손을 놓지 않고 밖을 향해 말한 다음 계속 떠들었다.

"암, 그래야지. 죽을때까지가 아니라 저승에 가서라도 사이좋게 지내야 하네."

"고마우이. 용철이, 실은 오늘 급한 청이 있어 자네를 찾아왔네. 돈이 급히 필요한데 자네가 돈 좀 빌려주게. 자네 말고 누가 내게 돈을 빌려주겠나."

풍자와 해학 유머 보따리

애주가

"자네 술 끊었다면서?"
"응, 한 오년 간 끊기로 맹세했네"
"왜 그렇게 했나? 십 년으로 해놓고 밤에만 마시면 되잖아"
"음, 그것도 그럴 듯한데. 그렇다면 차라리 이십 년으로 해놓고 밤낮으로 마시면 어떨까"

무서운 자

어느 집에서 자동차를 도둑맞았는데 며칠후, 도둑이 감춰둔 곳을 알면서도 그 집주인은 가만 내버려 두고 있었다.
"왜 당신은 우리 자동차를 훔쳐간 놈을 알면서도 그놈을 가만히 놔두는 게지요?"하고 묻자 남편의 대답이 걸작이었다.
"난 그놈이 차를 새로 칠하기를 기다리고 있는거지"

무사고

자동차로 사람을 친 운전수가, 친 사람에게 하는 말이,
"당신이 조심을 하지 않아서 치었소. 나는 운전에 대단히 조심을 하였습니다. 이래뵈도 7년간이나 운전을 했는데"하고 자기의 사고없이 지낸, 운전경력을 자랑삼아 말을 하니,
"7년 쯤은 말도 마시오. 나는 벌써 50년 동안이나 아무 사고 없이 걸어다닌 사람이오."

첫날 밤의 아이

첫날 밤에 아이를 낳은 어느 신부가 있었다. 신랑이 하도 어이가 없어서 쓴 웃음을 지으니 신부가 하는 말이,

"그렇게 좋아서 웃을 줄 알았으면 우리 집에 있는 큰애도 데리고 올 걸……. 우리 어머니는 속도 모르시고, 그런 눈치는 보이지 말라고……."

바쁜 이유

한 순경이 새벽 2시에 급히 차를 몰고 가는 사람을 세웠다. 그리고는 어디를 급히 가느냐고 물었다.

"예, 지금 강연을 들으러 가는 길입니다."

운전하던 사람의 대답이었다. 호기심을 느낀 순경이 강연 장소가 어디냐고 물었다. 그랬더니 그 남자는 자기의 운전면허증에 있는 주소와 꼭 같은 주소를 대는 것이었다.

"그럼 이 밤중에 누가 그런 강연을 하는 것이죠?"

순경이 의아한 표정으로 물었다. 남자는 슬픈 낯을 한 채,

"제 마누라죠." 라고 대답했다.

모조품

"우리집 여편네가 자가용을 사달라고 얼마나 보채는지 견딜 수가 없어야지. 할 수 없이 다이아몬드가 잔뜩 박힌 목걸이를 사줬지."

"이 친구 바보로군. 자가용을 사면 함께 탈 수 있을텐데, 더 많은 돈을 쓰면서 다이아몬드 목걸이를 사?"

"그게 말이야. 아무리 보아도 자동차는 모조품이 없더란 말야"

풍자와 해학   유머 보따리

여자의 질투

젊은 부부가 함께 엘리베이터를 타게 되었다. 남편은 뒤에서 타는 사람에게 밀려서 귀퉁이에 서있는 예쁜 미녀와 얼굴이 맞닿게 되었다. 일부러 보려고 하지 않아도 미녀의 얼굴이 눈안에 가득했다.

젊은 아내가 그 모양을 보고 슬그머니 질투심이 났다. 돌연, 그 예쁜 미녀가 세차게 남편의 뺨을 후려치면서,

"이 치한같으니라구! 여자의 엉덩이를 더듬는 무례가 어디 있어요!"라고 소리쳤다. 남편은 부끄러워서 엘리베이터에서 쫓기다시피 내려서는 아내에게 변명을 했다.

"여보, 오해하지 말어. 나는 맹세코 그 여자의 엉덩이를 더듬지 않았으니까"

"알고 있어요. 그 여자의 엉덩이를 만진 것은 나였으니까요."

"뭐라고! 당신이 왜?"

"그야 뻔하죠. 당신이 열심히 그 여자와 얼굴을 맞대고 있는 것이 싫었으니까요."

산타할아버지

어느 동네의 여섯 살짜리 천진한 사내애와 여덟 살 난 약은 여자애가 이야기하고 있었다.

"만일 산타할아버지가 없는 걸 알아 버린다면 선물도 그만 주는걸까?"

소년이 걱정스레 묻자, 소녀가 이렇게 안심시키는 것이었다.

"니네 엄마랑 아빠가 산타할아버지가 있다고 믿고 계신 한 그런 건 걱정 안해도 돼."

뜻깊은 묘비

남편이 죽었다. 분묘를 만든 뒤에 묘비를 세우기로 했다. 아들이 어머니에게 비문을 어떻게 쓸 것이냐고 물었다.

"너를 기다린다, 라고 써라"

아들은 무슨 뜻인지는 모르지만 어머니만이 아는 비밀이라고 있는가 싶어 그대로 써서 세웠다. 세월이 흘러 부인이 죽게 되었다. 아들에게 유언 하기를,

"내가 죽거든, 예, 지금 왔습니다.라고 비문에 써라."라고 했다.

아들은 그제서야 어머니의 깊은 뜻을 헤아렸다.

거지의 대답

거리에서 왼쪽 다리가 없는 거지가 구걸을 하고 있었다. 지나던 부인이 동전을 던져 주다가

"아니? 이봐요! 당신 어제는 오른쪽 다리가 없었잖아요?"

그러니까 거지가 당연하다는 듯이 대답했다.

"예. 맞습니다요. 이렇게 다리를 교대해야 신발이 똑같이 닳게 되니까요."

자기 과시

몇 사람이 자기 정력을 자랑하고 있었다.

"나는 말야. 샤워할 때에 젖은 수건을 딴데 걸어둘 필요가 없이 바로 거기에 걸어놓고 두손으로 샤워를 하지. 아주 편리하단 말야. 별도로 수건 걸이가 필요없어요."

풍자와 해학   유머 보따리

그러니까 한 사람이 그까짓것 하는 듯이 받아 넘겼다.
"내것은 더욱 편리하다구. 나는 더욱 정교해서 말야. 거기에다 수건을 걸고 샤워를 하다가 허리쪽을 닦을때는 수건이 걸리적거리면, 슬쩍 튀기기만 하면 수건이 획 날려서 어깨에 척 얹힌다구! 어때?"

무전취식

손님이 많아서 눈코 뜰새없는 식당에 한 손님이 들어왔다.
"주인장! 배고파요. 어서 어서 가져와요"
자그만치 10인분이나 먹고나서 엽차를 청했다. 물컵을 가져 온 주인에게 묻는다.
"이렇게 손님이 벅적대니 굉장히 벌리겠군요."
원래가 장사꾼들은 못번다는 말이 입에 베어 있는 법이다.
"어디가요? 보기와는 다릅니다."
"왜요?"
"다 먹고나서 돈이 없다는 사람이 많지요!"
"그래요? 그럴때는 고발이라도 하나요?"
"고발하기도 귀찮지요. 그래서 다시는 못오게 엉덩이를 차서 내쫓아 버립니다."
그러니까 이 손님 슬그머니 일어나서 바지를 내리고 엉덩이를 주인앞으로 내밀면서
"자! 어서 냅다 차십시요."

 풍자와 해학　유머 보따리

내기

A와 B가 만나기만 하면 내기로 시간을 보낸다.

오늘도 다방에 앉아서 듣는 것, 보는 것 닥치는대로 모조리 내기다. 그런데 운이 없는지 깡그리 A가 졌다. 그때 마침 어여쁜 아가씨가 다방으로 들어온다. A가 얼른 내기를 걸었다.

"어이 B. 저 여자 허벅지에 사마귀가 있다. 5천원 내기!"

B는 얼른 대답했다.

"없다" 그러니까 A가 손뼉을 치며 "이봐 B, 저 여자는 내 아내야. 어서 5천원 내놔! B가 나보다 더 잘안다고는 못하겠지!"

B는 꼼짝 못하고 5천원을 A에게 주었다. 다음날 A의 회사로 B가 쫓아왔다.

"어이 A, 자넨 거짓말이 너무 심하더군. 자네 부인의 허벅지에는 사마귀가 없던데……?" 그러니까 A가 낭패하며 대답했다.

"하는 수 없군! 그럼 내가 곱으로 만원주지."

얌체장사

양식집이다. 어떤 손님이 비푸스테이크를 청했다. 웨이터가 가져온 접시를 바라보며 손님이 말했다.

"어제 먹은 것은 고기가 훨씬 많았는데 오늘 것은 엉망이군!"

웨이터가 이상하다는듯이 물었다.

"손님. 어제는 어느 좌석에 앉아 계셨습니까?"

"저기 길쪽 창옆이었소." 그러니까 웨이터가 알았다는 듯이 대답했다.

"알았읍니다. 저기는 밖에서 잘 보이는 곳이라 광고용으로 드리기 때문에 고기가 더 많습니다."

역 사

길모퉁이에 천체망원경을 세워놓고 5분간 보는데 천원씩이라고 외쳐댄다.

"천원! 천원입니다. 여러분! 현대과학이 우주여행을 해도 창조주를 보지는 못합니다. 자, 창조주를 보는데 단돈 천원이요!"

"여보, 그럼 별도 보입니까?"

"예. 미성년자는 안보입니다. 그까짓 별쯤이야 보아서 뭘합니까? 그보다 더한 창조주를 보아야지"

한 사람이 천원을 내고 들여다 보았지만 별도 창조주도 보이질 않았다. 그러자

"손님! 창조주는 하늘에 있는 것이 아닙니다. 방향이 틀렸어요."하면서 망원경을 길건너 아파트의 창으로 향하게 한다.

과연 젊은 부부의 향연이 한창이다. 손님이 침을 꿀꺽 삼키니까

"그렇죠? 창조주께서 아담을 만드시는 역사를 하고 계십니다."

대 접

어떤 남자가 자기집 정원을 손질하고 있었다. 마침 그집 앞을 지나던 품위있고 어여쁜 아가씨가 그 광경을 보더니 말을 걸었다.

"여보세요? 정원사 아저씨! 일솜씨가 훌륭하시네요. 어떠세요. 여기 일이 끝나거든 우리집 정원도 봐주세요?"

남자가 얼른 대답을 못하니까 아가씨가 또 말했다.

"품삯은 달라는대로 드리겠어요."

남자는 더욱 난처해서 대답을 못했다.

"좋아요! 품삯 외에도 이 댁에서 해드리는 것이라면 무엇이라도 똑같

이 해드리겠어요. 오시는거죠?"

그러자 남자가 그 아가씨에게 가까이 가서 이렇게 말했다.

"아가씨! 이 댁의 대접은요. 젊은 주인 아가씨가 저를 자기 침실에서 같이 자게 해주시는데요."

과부의 욕심

과부가 된 며느리에게 시어머니가 일렀다.

"아가! 문을 안에서 꼭 걸고 자거라."

그러나 옛말에 남자가 그리운 과부는 문고리를 벗겨놓고 잔다고 한다. 그래서인지 이 과부 며느리방에 도적이 들었고, 이 도둑은 엉뚱한 욕심이 발동하여 여인을 덮쳤다.

"아니, 누구야! 당신 누구에요? 소리 지를 거예요?"

도적이 귀에다 대고 소근댔다.

"좋아! 소리 지르면 나가 버릴거야"

과부는 아무 소리도 못했다. 그리고 도적이 돌아갈 때 말했다.

"문고리를 벗겨 놓으니까 편리하죠!"

속임수

벌꿀을 빨듯이 달콤한 신혼부부에게 세종회관에서 공연중인 연극관람 초대권 2매가 왔다. 겉에는

"나는 누구일까요?" 라고 씌여 있었다.

부부는 어떤 친구의 장난이려니 하고 정해진 시간 오후 7시에 극장에 갔다가 11시에 돌아왔다. 집안은 엉망이었다. 값진 것은 몽땅 털린것이다. 경대 위에 메모지가 있었다.

풍자와 해학   유머 보따리

"내외분의 동반 관람을 축하합니다. 내가 누구인지 아셨겠죠!"

도둑의 궤변

근래 기름값이 오르니까 폐차가 부쩍 늘었고 골목에다 차를 버리는 사람도 생겼다. 심한 경우는 웃돈을 얹어주면서까지 폐차를 부탁하는 경우도 있었다.

재판장이 차도둑 피고에게 물었다.
"피고는 차를 훔친게 사실인가?"
"아닙니다. 타고간 일은 있어도 훔친 일은 없습니다."
"주인의 승낙없이 남의 차를 타고 갔으면 그것이 훔친게 아닌가?"
"재판장님! 저는 시청의 청소업무를 도와준것 뿐입니다."
"?"
"거리에 버린 차를 치우는 일이 아무나 할 수 있는 일이 아닙니다."

풍자와 해학   유머 보따리

무능한 남편

부부가 침실에서 자는데 권총을 든 강도가 들어왔다. 귀중품을 훔치러 왔다가 나이트가운을 입은 어여쁜 여인을 보고 마음이 달라진 강도가 남편을 방 가운데에 세우고는 그 둘레에 선을 그었다.
"이봐! 만일 이 선밖으로 나오면 한 방에 저승으로 보낼거야!" 그리고 강도는 부인을 범한 다음 유유히 사라졌다. 부인이 남편에게 덤볐다.
"겁쟁이! 자기 아내가 남에게 겁탈을 당하는데도 보고만 있는 겁쟁이! 나는 누구를 믿고 살아!"
그러니까 남편이 말했다.
"적반하장도 정도 문제야. 나는 여기에서 공포에 떠는 동안에 당신은 재미를 보았다는 사실을 명심하라구"

염라대왕

절세가인이 세상을 떴다. 그의 이름을 황진이라고 해두자.
황진이는 저승으로 가서는 염라대왕청의 접수 창구에 갔다.
"여보세요. 접수담당 아저씨, 저는 황진이인데요. 염라대왕님께 전해 주세요."
접수를 보던 사자는 황진이의 아름다움에 넋을 잃고 앉았다.
"여보세요, 아저씨. 염라대왕님 퇴근하기전에 접수해 주세요!"
"예, 알았습니다. 잠깐만 기다리십시오."
사자는 대왕의 집무실 앞에 와서는 "대왕님, 황진이가 왔습니다요."
"뭣이, 천하의 미녀 황진이가 왔단 말이냐?"
대왕은 금방 희색이 만면해지면서 "잠시 기다리시게 해라."
사자가 아무리 기다려도 대왕이 나타나지 않으니까 사자는 황진이를

풍자와 해학   유머 보따리

너무 기다리게 하는것이 안스럽다.

"아가씨, 죄송합니다. 헤헤……"하고는 대왕의 집무실 문틈으로 안을 엿보았다. 이게 웬일인가. 대왕은 옷을 고쳐입고, 수염을 깎고, 바야흐로 머리에 기름을 바르고 있는 것이었다.

"비록 염라국이지만 미녀를 맞는데에는 예의가 있다고……"

오래 살기 싫어서

"죄를 짓지 마라, 머지 않아 하느님의 심판이 계시리니. 나를 믿으라, 영생을 얻으리라. 예수 그리스도의 말씀입니다."

전도사가 열심히 전도를 하고 있다. 한참 설교를 듣던 한 젊은이가 맥없이 발길을 돌리는 것을 본 전도사가

"여보시요 청년. 천국의 길은 좁고도 험난합니다. 예수 그리스도를 믿으시요. 영생을 얻으리라."하고 간절히 전도를 했다.

"여보슈, 나 죄진 것 없수다. 난 지금 살기 싫어 자살하러 가던 참인데, 당신 말 듣고 더 살아야겠다고 생각했수."

"고마운 말씀, 하느님의 기적이 여기 또 계시니, 나를 믿으라 영생을 얻으리라."

"여보슈 그 끔찍한 말씀 그만 하슈. 내가 죽으면 영생을 얻을 것 아뉴. 이 한 평생 살기도 싫은데 영생을 얻다니! 오래 오래 살기 싫어서 평생 이곳에서 살아야 겠소."

풍자와 해학　　유머 보따리

여자의 마음

비교적 상류층에 속하는 사람들이 만찬회를 열었다.

식사가 끝난 후에 종교계 인사들로부터 강론을 받는 것이 이 모임의 목적이다. 일반적인 사회생활과 종교와의 관련성, 종교가 지향하는 미래상 등 토론도 벌인다.

자연히 신앙인의 영생과 하느님의 심판, 그리고 천국과 지옥, 극락과 지옥 등 다양한 화제가 꼬리를 이었다. 눈을 반짝이며 어른들의 토론에 귀를 기울이던 예비숙녀가 입을 열었다.

"그러니까 현생에서 죄를 짓지 않고 박애와 봉사정신을 가지고 살아야 영생을 얻고 또 극락이나 천국에 가는 것이군요."

근엄한 표정을 하고 있는 교회의 장로님이 대견한듯이 대답한다.

"맞았어요 아가씨. 적당히 인생을 엔죠이하며 환락만 추구하는 사람은 하느님 옆으로 갈 수가 없습니다."

"알겠어요. 그러니까 교회의 성직자나 사찰의 스님들 같이 항상 근엄하고 인자하고 조심스러운 생활을 하면 틀림없이 극락이나 천국에 가겠네요."

좌중의 여러 사람들은 아가씨의 총명에 홀리기라도 한듯이 고개를 끄덕였다. 그런데 아가씨가 슬픈듯이 말을 잇는다.

"저는 죽어서 지옥으로 가겠어요. 만일 천국으로 간다면 따분하기가 꼭 오늘의 이 자리 같을 것 아녜요? 재미있고 모험심이 있고 멋진 사교성이 있는 남자들은 모두 지옥으로 갈 것 아녜요. 얼마나 좋겠어요?"

풍자와 해학   유머 보따리

한눈쯤 멀더라도

장엄하고도 경건하게 주일미사가 진행중이다. 신부님의 간절한 설교는 성당안의 신자들을 휘어잡았다.

여기저기서 회개와 공감의 신음소리가 저도 모르게 새어나오는 순간 2층 맨 앞자리에서 신부님의 말씀에 매료된 여신자가 무의식중에 몸을 앞으로 다가앉다가 그만 난간 밖으로 떨어지게 되었다.

다행히도 하느님의 도움이 계셨는지 그녀의 치마자락이 샹데리아에 걸려 공중에 매달리게 되었다. 때는 여름이다. 치마속에 입은 것이라곤 짧은 팬티뿐이었다.

하얀 속살이 드러나고 모든 신자의 눈은 그 여인에게로 집중될 수 밖에 없었다. "여러분 눈을 감으십시오. 만일 눈을 뜨시고 마음으로 간음하시는 분은 눈이 멀 것입니다."

역시 임기응변이 능한 신부님은 신도들에게 자중하여 여인을 부끄럽게 해서는 안된다고 호소했다. 그때 장난기 있는 남자 신도 하나가 옆에 앉은 친구의 옆구리를 쿡 찌르면서,

"한쪽 눈쯤 멀더라도 상관없어. 저것을 보는데도 한쪽 눈이면 충분하고 앞으로 살아가는데도 한쪽 눈이면 충분해"

만원은 싫어

어느 교회의 주일학교.

목사님이 천국과 지옥에 대한 설교를 하고는 학생들에게 말했다.

"자, 이제 여러분! 천국에 가고 싶은 사람은 손을 들어봐요."

전부가 조그만한 손을 번쩍 들었다. 그들의 눈은 하늘나라의 모든 것들이 보이는 듯했다. 그런데 한 아이가 아무렇지도 않은듯이 천정을 바

풍자와 해학   유머 보따리

라보고 앉아 있다. 목사님이 이상하게 여기고 그 아이에게 물었다.
"얘야! 너는 하늘나라에 가고 싶지 않다는 말이냐?"
그 아이는 당연하다는 듯이 대답했다.
"예, 목사님. 저는 만원 버스 타기에 질렸는걸요."
"천국과 만원버스와 무슨 관계가 있니?"
"이렇게 모두가 천국엘 가면 천국의 버스는 더 만원일 것 아네요?"

부전자전

아들이 몹시 취해서 대청에 벌렁 누워있었다. 그는 천장이 빙글빙글, 대청바닥이 출렁출렁, 사방벽이 기우뚱 기우뚱, 겨우 눈을 감고 견디고 있는 것이다.

거기에 만취된 아버지가 쿵하고 대청에 올라서며 보니까 머리가 셋이나 달린 괴물인 아들이 누위있는 것이다.

"이놈아! 내가 아무리 술주정꾼이긴 하지만 너처럼 대가리가 셋씩이나 달린 괴물에게는 결단코 내 재산을 상속할 수 없다."

호통을 치니까, 아들이 두손을 허우적거리며 대꾸했다.

"좋아요. 이까짓 금방 쓰러질 것 같이 흔들리고, 출렁대고, 기우뚱거리는 유산같은 것 필요없어요."

하나가 둘로

어느 취객이 밤길을 걷는데 번번히 앞에서 오는 사람과 정면으로 부딪쳐서 시비가 벌어진다. 거기에 경관이 나타났다.

"여보! 당신 취중 행패가 심하면 경범죄에 해당돼요. 똑바로 걸으라고요."

그러니까 취객이 경찰 보고 말했다.
"순경아저씨, 지금 누가 말했죠?"
"누구는 누구겠오? 내가 말했지!"
"아니? 순경아저씨가 둘이니까, 둘중에 누구냐 말이에요."
경찰은 어이가 없어서, "당신 무슨 말이 하고 싶어서 그러는게요?"
"나는 똑바로 걷는다구요. 이것봐요. 이렇게 순경아저씨가 양쪽에 있으니까, 나는 똑바로 그 가운데로 가는데……"하면서 또 경관을 정면으로 부딪치는 것이었다.
"하나는 어디로 가고, 꼭 하나하고 부딪친단 말야"

미련한 사람

양주집에서 친구들이 내기를 했다. 양주 두 병을 나팔을 불면 10만원의 상금을 타다.
한 사람이 슬그머니 나가더니 한참만에 돌아와서는, "좋다! 하자?"하고 양주 두 병을 그대로 나팔 불었다.
상대는 두 손을 들고는 "그런데 아까 어디에 갔다 왔어?"
"응, 먹을 수 있나 없나를 시험하기 위해서 옆집에 가서 양주 두병을 나팔을 불었지. 그래서 자신이 있어서 돌아온거야."

고통을 알아야

살림은 아랑곳없이 술독에만 빠지는 남편에게 질려버린 아내가 바가지를 긁었다. 그러자 남편이 손에 들고 있던 소주를 아내에게 먹으라고 한 잔 권했다.
아내는 소주 한잔을 훌짝 하더니 금방 가슴이 울렁대고 토해버리며

풍자와 해학 　 유머 보따리

고통스러워 했다.

"그것 보라구요. 내가 얼마나 고통스러운 일을 하고 있는가를 이제 알았지?"

강태공

옆에 앉은 Ａ가 송사리 한마리를 낚아올렸다. 자랑스럽게 지껄였다.

"야! 이놈아 어디 갔다 이제 왔니? 그래도 내가 제 1 번이다."

"그까짓 송사리새끼 한마리 갖고 떠들지 말라구!"

"작든 크든 시비하지 말아. 당신은 송사리 한마리나 낚아 올렸어?"

"말씀 삼가하라구. 나는 큰놈이 아니면 아예 낚아 올리질 않아. 말이 난 김에 얘기지만 나는 고래를 낚은 일도 있어."

"아니, 고래를 낚은 게 그리 자랑이야? 나는 고래를 낚시밥으로 사용한 일도 있어……"

애교있는 허풍

허풍이 지나치면 거짓말이 된다. 그러나 허풍임을 알면서도 애교있게 받아들여지는 경우가 있다. 그런데 지나친 허풍쟁이한테 친구가 충고를 했다.

"자네가 얘기를 할때, 내가 눈을 깜박이거든 좀 줄이라구."

그날 저녁에 몇 친구가 술집에 앉아서 각기 자랑이 벌어졌다. 역시 허풍쟁이가 입을 열었다.

"얘기가 분위기에 어울리지는 않지만 말야. 내 그것의 크기를 나무에 비유한다면, 잉꼬가 열두마리는 넉넉히 앉을 수 있다구"

친구가 눈을 깜빡 깜빡하니까!

"그런데 열두번째 잉꼬는 겨우 한쪽 발만 올려 놓을 수 있지만 말야"

한다는 소리가

"선생님, 생명보험을 드시지요."
"나는 보험에 들지 않습니다."
"선생님! 그렇게 한마디로 거절하실 일이 아닙니다. 한번 들어보세요. 보험금이라야 한달에 3만원입니다. 요새 3만원이 무슨 돈입니까? 단 한번 붓고라도 말입니다. 불행하게도 다리 하나를 잃으면 3백만원, 팔하나를 잃으면 자그마치 5백만원을 받게 됩니다. 혹시라도 운이 터져서 말입니다. 양다리나 양팔을 잃게되면 1천만원, 팔다리를 모두 잃으면 2천만원입니다. 금방 집 한 채가 되는 것이죠!"
"여보! 그게 무슨 소리야!"
"가만히 계십시오. 천만 다행이도 신의 은총을 입어서 목숨을 잃게 된다면 말입니다. 그야말로 대운을 타야 하지만 자그마치 5천만원, 부자가 되는 겁니다."

재치있는 대답

딸을 데리고 기성복을 사러 갔다. 기성복집 주인이 멋진 해군복을 권했다.
"이것은 100% 면제품입니다. 가격도 싸고 자 얼마나 어울립니까?"
"얼마인가요?"
"3만원입니다. 무척 싸죠?"
"튼튼한가요?"
"염려마세요. 7년은 문제없습니다."
"줄지 않을까요?"
"천만에 말씀입니다. 아무리 빨더라도 절대로 줄지 않습니다."

풍자와 해학   유머 보따리

해군복을 사입히고 돌아갔다. 그리고 일주일 지나서 다시 찾아왔다.
"이것 보세요. 주인장! 그 해군복이 이렇게 작아졌습니다."
아닌게 아니라 바지는 반바지가 되었고, 소매는 반소매가 되어버렸다. 기성복 집주인은 팔장을 끼고 이 소녀를 앞뒤에서 둘러보더니,
"선생님! 따님의 발육상태가 굉장히 빠르군요. 이렇게 쉽게 자라다가는 1년 이내에 거인이 되겠습니다."

멋진 광고

어느 화장품 회사에서 머리털을 나게 하는 발모제를 만들었는데 전혀 매출이 없었다. 중역회의에서 광고에 헛점이 있다고 판단하여 광고문을 현상 모집했다. 1등 당선작은 이런 것이었다.
"이 탈모제는 탈지면이나 솜방망이로 발라야 합니다. 만일 손가락으로 바르시면 손가락에 털이 나서 곤란합니다."

다시 한번

어느 소작인의 딸이 아버지에게 울먹이며 호소했다.
"아버지! 지주댁 작은 아들이 나를 꼬여서 나도 모르는 사이에 애기를 가졌어요."
아버지는 아무리 없이 사는 소작인이지만 자식까지 지주의 행패의 재물이 되어서는 안된다면서 몽둥이를 들고 뛰어갔다. 지주의 아들이 태연하게 말했다.
"그렇게 떠들고 날뛴다고 일이 해결되는 게 아니라네. 나도 어느 정도 대책을 세워 두고 있었네. 자네 딸이 아들을 낳으면 논 열마지기를 줄 것이고, 딸을 낳으면 서마지기를 줄 것이네. 이만하면 되겠나?"

아버지는 금방 태도가 누그러지고 간살스럽게 하소연했다.
"도련님! 만일 유산이 되거든 다시 한번 부탁 합니다요."

출입구

거리를 다녀보면 이른바 바겐세일이 한창이다. 여기는 명동거리, 양복점 셋이 나란히 있는데 우측 집에서 간판을 내걸었다.
"30% 할인 대특매" 손님은 그집으로 몰렸다.
좌측 가게에서 질세라 간판을 걸었다.
"50% 할인 단행!" 가운데 집은 손님이 떨어졌다. 다음날 아침 가운데 입구에 간판이 걸렸다.
"출입구는 이곳입니다."

돈이 좋아

부부가 만원버스를 타고 가는데 고갯길에서 버스가 전복하여 딩굴었다. 무인지경의 사고라 여기 저기에 사람살리라고 아우성이다. 그런데 다행히도 남편은 약간의 경상만 입었을 뿐 밖으로 뛰어나와서 무사했다.
마침 남편을 찾는 아내의 소리가 들렸다.
"여보! 나 여기 있어. 약간의 경상인데 안심해요. 그런데 당신은 어때?"
"나요? 대단치 않아요. 그저 차체에 다리가 눌려서 빠지질 않아요. 어서 나를 빼주세요."
"가만히 있어"하더니 남편은 나무판자를 찾아 그것으로 아내의 머리를 세게 쳐서 절명시켰다.
"기왕이면 이럴때 죽어 주어야지. 생명보험도 타고, 운수회사의 보상금도 타고……"

풍자와 해학   유머 보따리

막내 며느리

백만장자 노인이 며느리 다섯을 보았으나 아직까지 손자가 없었다. 하루는 아들 다섯쌍을 불러앉히고 이런 저런 얘기 끝에 노인이 우리 모두 기도하자고 했다. 모두가 눈을 감고 두 손을 모았다.

"하느님! 사랑하는 나의 아들과 며느리들에게 건강하고 귀여운 옥동자를 잉태하게 해주소서. 나는 첫손자에게 주려고 막대한 은행주식을 선물로 준비하고 있습니다."

기도가 끝나고 눈을 떠보니까, 당연히 다소곳이 앉아있어야 할 아들 며느리가 막내 한쌍만 남겨놓고 어디론가 없어졌다.

"모두 어디를 갔느냐?" 막내 아들이 대답했다.

"형들은 빨리 서둘러야 하겠다면서 급히 나갔습니다."

"그렇다면 너희는 왜 그대로 앉아서 게으름을 피우느냐?"

며느리가 낯을 붉히며 대답했다.

"아버님, 제가 월경중이라 서둘 수가 없어서 입니다."

차용 증서

"변호사님! 제가 어느 친구에게 10만원을 빌려주었는데 약속날짜가 되어도 갚지를 않습니다. 어떻게 받을 방법이 없을까요?"

"차용증서를 받으셨나요?"

"가까운 친구인데 그런 것을 써달라고 할 수가 있어야지요!"

"그래요? 차용증서가 없으면 청구소송을 할수는 없구……. 이렇게 해 보세요!"

"어떻게요?"

"돈을 꾸어간 친구에게 당신이 아무때 나에게서 차용해간 돈 50만원

풍자와 해학   유머 보따리

을 빨리 갚으라고요."

"그렇지만 꾸어준 돈은 10만원인데요!"

"그래도 그렇게 해야 됩니다."

물론 50만원을 갚으라는 편지를 받은 친구는 지체없이 다음과 같은 답장을 보내왔다.

"50만원이라니, 이게 무슨 황당한 소리인가?. 그때 내가 꾸어간 돈은 10만원인데 왜 50만원이라 하는거야?"

변호사는

"이제 됐습니다. 이만하면 10만원짜리 차용증서가 만들어진 셈이군요."

촌 수

나는 과년한 딸이 있는 과부와 결혼했다.

나의 아버지가 그 딸하고 사랑에 빠져서 마침내 결혼을 했다 그러니까 나의 아버지는 나의 사위가 된 것이다. 또한 나의 의붓딸은 나의 계모가 되었고, 나는 내 아내의 외손자가 되었다.

나는 그 과부와의 사이에서 아들을 낳았다. 내 아들은 우리 아버지의 처남이고 우리 아버지는 내 아들의 할아버지가 된다. 그러자 우리 아버지와 내 아내의 딸과의 사이에서 아이가 생겼다. 그 아이는 내 동생도 되지만, 딸의 아이니까 내 손자도 된다.

내 아내는 우리 아버지의 장모이니까 내게는 외조모가 되고, 나는 내 외조모의 남편이니까 바로 나의 외조부가 되는 것이다. 따라서 나는 내 마누라의 사위의 아들이니까 바로 내 자신의 손자가 되기도 한다. 그래서 내 아들은 나보고 아버지라고도 하고 제매부의 아들이니까 나를 생질로 부를 수도 있고, 우리 아버지는 내 아들에게는 할아버지가 되고, 내 아들의 할아버지의 장모인 내 아내는 내 아들의 증조할머니가 되고 그러니가 증조할머니의 남편인 내가 내 아들의 증조할아버지가 되기도 한다.

컴퓨터의 대답

어떤 사람이 기가막힌 컴퓨터를 만들어 그것을 발표하기에 이르렀다. 구경꾼 하나가 시험삼아
"우리 아버지는 지금 어디에 있는가?"하고 종이에 써서 컴퓨터의 질문함에 넣었다.
컴퓨터의 빨강, 파랑, 노랑 등 표시램프가 반짝반짝하더니,
"지금 미시시피강에서 낚시질하고 있다."고 대답의 쪽지가 나왔다.
그러니까,
"이 컴퓨터는 바보다. 우리 아버지는 2차대전때 전사하셨다."고 질문자가 웃었다.
발명자가 "그 사실을 다시 써서 넣어라."고 말했다.
컴퓨터는 역시 반짝반짝 하더니 다음과 같은 답변서를 내놓았다.
"그렇다. 2차대전에 전사한 것은 당신 어머니의 남편이고 미시시강에 낚시질하고 있는 것은 당신의 아버지다."

녹슨 머리

검정색 머리의 남편과, 금색 머리의 아내가 빨강색 머리의 아이를 낳았다. 남편은 아내의 부정을 주장하고, 아내는 결백을 주장하며 싸우다가 의사에게 물어보기로 하였다.
의사는 한참 생각하다가 질문했다.
"두 분은 사랑의 행위를 한달에 몇번이나 하시나요?" 그러니까 입을 모아서 내외가 대답했다.

풍자와 해학 유머 보따리

"글쎄요…… 아마 1년에 두번쯤 일까요?"
의사가 진찰대를 치면서 말했다.
"그렇겠군요. 조금도 염려하실 것이 못됩니다. 당연합니다. 그렇게 오래 묵이면 녹이 슨다는 것은 너무도 당연합니다. 그러니까 아이의 머리는 녹물이 든 것입니다."

어떤 예비

어떤 사람이 자신의 아내와 직장상사가 놀아나는 현장을 목격하고, 허리에 찬 권총을 뽑아 그 직장상사를 쏘아 중상을 입혔다.
재판정에서 변호사는 그런 현장을 보고 누군들 총을 쏘지 않을 수가 있겠는가라고 변론을 했다. 그러니까 재판장은 피고가 권총에 총탄을 장진해 가지고 있었던 점으로 보아 어디까지나 상해를 예비한 것이라고 했다. 변호사가 책상을 치면서 항의 했다.
"재판장님! 나는 출생과 동시에 남자의 상징인 성기를 달고 있습니다. 그렇다면 재판장이나 나는 지금도 강간, 추행, 음란을 예비하고 있는 것이란 말씀입니까?"

풍자와 해학 유머 보따리

어떤 앙갚음

조그만 공장이다. 종업원은 5~6명이고, 주인은 인색하기가 자린고비를 뺨칠 정도다.

추석이 되었다. 다른 회사는 보너스가 있다, 떡값이다 하는데 여기는 어림도 없는 수작이다. 추석 전날까지 실컷 부려먹고, 사원들이 차를 타러 가는데 사장이 배웅을 따라 나섰다. 사원들은 기대가 컸다.

"그러면 그렇지! 우리 사장이 아무리 인색하기로 떠나기 전에 회식한 번쯤은 시켜주겠지." 그런데 버스에서 내리자 곧장 역으로 향하는 것이다. 사원들은 이런 기대를 했다.

"아마 겨우 집에까지 가는 차표를 사줄 모양이구나!" 그러나 천만에 말씀이다. 각자 차표를 사라고 하면서 팔장을 끼고 버티고 서있다.

"그러면 그렇지. 몇푼 안되는 차표로 생색을 내지는 않겠지! 우리가 개찰구를 나갈 때쯤 봉투 하나씩을 나누어 줄 것이다."

사원들은 이렇게 최후의 기대를 가졌다. 이윽고 개찰이 시작되었다. 뒤꽁무니를 따라온 사장이 한마디 했다.

"기차에서 몸조심들 해요. 명절 음식 조심하고, 부디 건강한 몸으로 지정된 날까지 꼭 돌아와야 해요."

화가 난 한 사람이, "건강한 몸 좋아하시네. 우리가 누구 좋으라고 건강하게 돌아와. 어림도 없습니다." 그러자 또 다른 사람이 맞장구를 쳤다.

"암! 우리 모두 이번 추석에 완전히 망가져서 사장님께 앙갚음을 하자. 당황하는 꼴 좀 보게!"

풍자와 해학 유머 보따리

순했다

결혼한지 10년이 되도록 출산을 않는 부부가 있었다.
이상하게 여긴 친구가 걱정스럽게 물었다.
"이보게. 자네 결혼한지도 10년인데 아직까지 아기가 없으니 걱정이 안되나?"
"글쎄, 장차 생겨나겠지 뭐. 아직은 당연한 것으로 알고 있어!"
"당연하다니 무슨 소리야. 앞으로 생겨나겠지 하고 태평세월하다가 늙어버리면 그만이야. 어떤가, 의사한테 진찰을 받아 보는 것이!"
"자네 충고는 고맙지만 말일세. 사실을 말하면 우리 부부는 아직도 순결을 자랑한다네."
"그야 나도 알고 있지. 자네야 어디 딴 여자를 거들떠 보기나 하나!"
"그게 아니구, 우리가 약혼하고 바로 있었던 일인데, 처가집에서 내가 강하게 요구했더니 여편네가 발악적으로 거절하더란 말일세. 그래서 나는 그후로 아내한테 그 일을 하자고 하기가 겁이 난다네. 말하자면 우리 부부는 순결주의자인 셈이지."

깔본 것이 탈이다

각자 돈을 추렴해서 한잔 하기로 했다. 그 중 한 사람이 좀 모자란 푼수인데 아끼는 데는 남보다 몇갑절인 사람이 있었다.
술이 몇순배 돌아갔을 때에 화제가 좀도둑에게로 돌아갔다.
"요사이 노상들치기, 날치기, 좀도둑이 심해서 어디 살겠나?"
"그래! 나돌아 다니자니 주머니 털릴까 걱정이고, 집에 있는 마누라도 걱정이고……" 그러자 모자란 친구가 참견한다.
"그럼 자네들이 이따가 나좀 바래다주게. 사실은 내가 약간의 돈을 가

풍자와 해학   유머 보따리

지고 있는데 걱정이 되네."

친구들은 돈이 있으면서도 술추렴에 공무니를 빼려했고, 겨우 합석을 해서도 비싼 안주만 주워먹는 그가 얄미워서 얼른 돌려보내고 싶어졌다.

"이 사람아, 이따가 취하면 각자 자기몸 가누기도 어려울텐데 누가 자네를 데려다 주겠나!"

"이봐! 어서 먼저 가라구. 엊그제도 자네집 근처에 도둑이 들어서 물건하고 여자 망가지고 했다면서……"

모자란 친구 슬그머니 일어나서 가버렸다.

"어~ 시원하다. 그 자식, 제것 아까운 줄만 알고는 이런 자리 끼면 온통 혼자 퍼먹으니……"

"그래 잘 보냈어. 이제 우리끼리 오붓하게 천천히 마시자구"

이렇게 한창 신이 났는데 그 친구가 팬티와 런닝바람에 다시 나타났다.

"어이, 미안 미안…… 난 집에 가서 문단속도 시켰고, 겉옷도 다 벗어놓고 왔으니 안심일세. 자네들도 가서 문단속하고 오지."

"……!?"

덤까지

친구들 사이에 팔삭둥이라는 별명을 듣는 좀 모자라는 친구가 자랑을 한다.

"에이, 나도 장가간다." 깜짝 놀란 친구들이 대견스럽게 여기며 물어본다.

"아니? 너같이 모자라는 멍청이한테 누가 딸을 준다니?"

"너희들이나 나를 놀려대지. 딸가진 사람들은 나를 좋게 본다구"

"부자냐?"

"그럼! 대단한 부자지"

"그렇고 그런 사람이니까 네까짓것 한테 딸을 주겠지!"
"천만에 아주 명문가의 따님이야"
"그럼 신부가 무슨 병이라도 앓는 것 아냐?"
"아냐, 너무도 팽팽한 건강체야"
"그렇다면 어디 한 군데가 불구인 것 아니니?"
"이러지마! 사지와 이목구비가 멀쩡할 뿐 아니라 지나치게 미인이라구!"
"그래? 그러면 양친이 말못할 결점이 있겠지"
"왜 이래! 그래보아도 그 지방에서는 행세하는 사람이야"
"야! 웃기지 마라. 그렇게 훌륭한 집안에 그렇게 잘생긴 아가씨가 뭐가 좋다구 너같은 것한테……."
"놀라지 마. 그 아가씨만 주는 줄 알아? 덤까지 따라온다구!"
 친구들은 놀랬다. 좋은 놈이 따로 있는 것이 아니다. 장가 잘가는 것도 복이니까 말이다. 그래서 부러운듯이 입을 모아 묻는다.
"야! 자네 팔자 한번 늘어졌군. 얼마나 많은 재산을 떼어준다든가?"
"웃기자 마. 내가 재산같은 것에 팔려?"
"그럼 좋은 직장이라도 준다니?"
"알아 맞혀봐. 그런 것이 아니니까!"
"아이구! 답답하다. 속시원하게 말해봐!"
"좋다! 놀래지 마. 신부감이 말야 임신중인데, 그 아이까지 내게 준데. 힘 안들이고 장가가고, 아들 얻고, 이만하면 나도 운수대통이지?"

풍자와 해학   유머 보따리

생각의 차이

카터 대통령이 한국에 왔다. 그의 부인 로절린과 딸 에이미가 비원 구경을 했다. 그 장면이 TV화면에 비치는 것을 한 가족이 보고 있었다.
마침 에이미의 샌들끈이 끊어지고, 에이미는 한손에 샌들을 주워들고 깡총거린다. 할아버지가 고개를 끄덕이며 말했다.
"저것봐라 샌들끈이 끊어져도 아무렇지도 않게 천진난만하지. 그것뿐이냐? 대통령의 딸이 끊어져서 망가진 샌들을 버리지 않는데 저것은 검소한 생활정신이 몸에 배었기 때문이다."
그러니까 할머니가 참견했다.
"맨발로 걷는 것을 보는 로절린의 마음이 얼마나 아프겠니?" 하니까 손자가 아무렇지도 않게 말했다.
"비원길은 찰흙으로 다져서 유리쪽 같이 매끄러워요. 조금도 발이 아프지 않아요!" 그런데 젊은 엄마가 말했다.
"에이미나 로절린 여사가 불량품 신고 센타에 신고하면 문제가 커지겠네요. 누가 저렇게 형편없는 샌들을 만들어서 나라망신 시켰을까요!"
그러자 신발공장을 하는 아빠가 말했다.
"걱정할 것 없어! 자세히 보니까 저것은 우리가 만든건 아니야. 그리고 국산이 아닐거야."
손녀가 새침하니 말했다.
"만약 국산샌들이었다면 끊어지는 장면을 비추어 주지도 않았을거야. 나라면 말이야……"

풍자와 해학　유머 보따리

친구들의 실망

신혼여행에서 돌아온 명석군이 친구들의 축하 인사를 받기가 바쁘다.
"여~ 축하하네! 그래 신혼 여행은 재미있었겠지?"
"자네는 복도 많지 뭐야! 친구들 결혼식에 무수히 다녀봤지만 자네 와이프가 단연 최고라구!"
"역시 신부는 얼굴부터 곱고 봐야 해. 그런면에서는 자네는 대성공이야!"
"아냐, 전신에 흐르는 교양미하고, 균형잡힌 몸매며 더 바랄것이 없을 거야."
이렇게 친구들의 칭찬이 열을 올리면 올린수록 명석군은 표정이 일그러지며 난처해진다. 옆에서 유심히 보고 있던 한 친구가,
"이봐, 자네 도통 즐거워하기는 커녕 낭패한 기색이군. 혹시 무슨 일이라도 생긴 것 아닌가?"라고 물으니까 명석은 구원병이라도 만난 듯이 그 친구를 끌고 자리를 옮겨서는 이렇게 말했다.
"저렇게들 축하해 주는 것은 고맙지만 말야. 나는 아주 난처한 일이 있다구!"
"겨우 신혼여행에서 돌아와서 난처한 일이라니?"
"자네들이 말하는데로 미인이고, 애교있고 교양있고 더 바랄 것이 없는데 말야, 딱 한 가지 거기에 전혀 털이 없는 것이 문제야."
"별사람 다 보겠네. 털이 무슨 상관인가? 그것은 자네가 생각하기 나름이라구!"
"아니야, 나야 그런 줄 알면 그만이지만, 친구들이 보기라도 한다면 실망할 것이 아닌가 해서 걱정이라네."

무조건 아니요

남자친구와 데이트를 하고 돌아온 딸이 어머니 앞에서 퍼붓는다.
"엄마, 난 엄마가 시키는대로 했단말야"
"이년아, 에미가 너보고 뭐라고 했는데 이 지경이 되어 가지고 왔어?"
"엄나는 남자친구가 뭐라하든「아니요」라고만 대답하라고 했잖아?"
"그래. 그랬는데 왜 이렇게 됐어?"
"난, 남자친구를 만나자마자 그랬다구. 우리 엄마가 뭐든지「아니요」라고 대답하라고 말씀하셨다구"
"?"
"그랬더니, 어떻게 됐는지 알아?"하면서 설명을 했다.
"영숙씨! 이렇게 당신의 손목을 잡으면 안되겠죠!"
"아니요"
"영숙씨! 미안합니다. 내가 영숙씨하고 뽀뽀를 하면 안되겠죠?"
"아니요"
"영숙씨! 내 손이 이렇게 영숙씨 치마 밑으로 들어가면 기분 나쁘시죠?"
이렇게, 그렇게, 저렇게 돼서「아니요」,「아니요」하면서 그녀는 최후의 그것까지도 주어버린 것이다.
"엄마, 이렇게 됐다구. 나는 단 한번도「좋아요」,「그래요」,「예」소리를 안했는데 내가 무얼 잘못했단 말야!"

마누라가 최고

신혼재미에 깨가 쏟아지는 집에 총각 친구가 놀러왔다. 한참 놀던 총각친구가 양미간을 찌푸리며 호소했다.

"이봐! 김형, 집에 아스피린 사다 놓은 것 있나? 갑자기 머리가 뽀개지는것 같은데!"

"아스피린? 그 까짓게 뭐 약인가? 머리가 아플 때는 마누라가 최고라구. 나는 말야 밖에서 머리가 아프면 부지런히 집으로 달려온다구. 그러면 15분 정도면 마누라가 내 두통을 시원하게 없어지게 해주니까!"

"그래? 그것 참 신통하군. 그러나 나는 마누라가 없으니까!"

"무슨 소리야! 마누라라고 다 그렇게 되는 것이라 생각하면 오해야."

"그럼, 자네 부인 지금 집에 있나?"

약속은 약속

남녀가 벤치에 앉아서 사랑을 속삭이는데 돌연 남자가 말을 않고 땅바닥만 멀거니 바라보고 앉았다.

"왜 그래요? 내가 뭐 잘못이라도 했나요? 아무말도 않고 땅바닥만 바라보며 무엇을 그렇게 골똘히 생각해요?"

"아냐, 별로……"

"아이 참, 답답해! 무슨 말에요? 내 무슨 말이고 하면 5천원 줄테니 해봐요"

사랑도 돈내기 인지는 모르지만 여자가 오죽이나 답답했으면 이렇게 나왔을까!"

"그럼, 말하겠는데. 실은 자기하고 키스가 하고 싶어서……"

"뭐예요? 그 까짓 것을 가지고 그렇게 침울했어요? 좋아요! 자, 좋을 대로 키스하세요."

그러면서 여자는 얼굴을 반짝 들면서 남자의 품에 기댔고, 그들은 농도 짙은 키스를 오래 오래했다.

그리고는 남자가 말했다.

"미안한 말이지만 아까 약속한 5천원은 주겠지? 그건 어디까지나 약속이었으니까!"

의미있는 말

한 묘령의 여인이 맹장수술을 받았다. 마취에서 깨어나자 의사가 말을 걸었다.
"어떻습니까? 기분은 좋으신가요?"
"예, 아주 좋아요. 그런데 한가지 걱정이 있어요."
"무슨 걱정인지 말씀해 보세요."
"수술한 흉터가 남에게 보이지 않을까요?" 하면서 얼굴을 붉힌다.
"그것은 부인이 어떤 자세를 취하는가에 달려 있습니다."

급한 환자

돌팔이 의사가 연립 주택에 살고 있었다. 가까운 곳에 의사가 없기 때문에 비록 무면허이지만 이름은 있었다.

오늘도 급한 환자가 왕진을 부탁하니까 부리나케 뛰어 나가다가 이웃에 사는 계집아이를 발로 걷어차서 아이가 넘어지면서 얼굴에 찰과상을 입었다. 아이의 어머니가 혀를 차면서 뇌까렸다.

"아무리 바쁘기로서니 남의 집 고명딸을 발로 걷어차서 이 모양을 만들다니······."

옆집에 사는 노인이 위로했다.

"그나마 발에 걸린게 다행인줄 아시오. 만일에 그 사람의 손에 걸렸더라면 아주 죽었을 것이요."

실험중

가족계획의 지름길은 피임을 효과적으로 하는 것이다. 그래서 이 계통의 전문가들은 인체에 해가 없는 피임약의 발명에 열을 올리고 있다.

피임약 연구에 열중해 있는 의사의 집에 동료의사가 방문했다. 여러가지 얘기 끝에 주인의사가 자랑했다.

"나는 새로운 피임용구를 발명했습니다. 스폰지로 만들었는데요. 성교시에 여성의 질속에 깊이 삽입해 놓으면 아무런 해가 없고 효과가 완벽합니다."

"아! 그래요! 훌륭한 발명이군요. 한번 보여 주시겠습니까?"

주인은 자랑스럽게 부자를 누르더니 달려 온 가정부에게 말했다.

"이봐요, 사모님이 쓰시는 스폰지를 가져와요. 늘 있는 양복장 서랍에 있을거예요."

가정부가 거북한듯이 대답했다.

"조금전에 사모님이 외출하면서 가져갔어요." 주인은 고개를 끄덕이며 말했다.

"나는 정관수술을 했으니까 필요가 없습니다. 안사람이 지금 실험중일 것입니다."

아가씨의 의문

산부인과 병원에 묘령의 아가씨가 진찰을 받으러 왔다. 상냥하고 친절한 의사 선생님이 맞이했다.

"어떻게 오셨어요? 부끄러워 하지 말고 전부를 말해요."

아가씨는 주저주저 하면서 "선생님. 아픈데가 있어서가 아니고요. 아무래도 뱃속에 무엇이 들어있는 것이 아닌가 해서 왔어요."

의사는 아가씨를 진찰대에 앉히고 면밀히 진찰을 했다. 그러나 뱃속에는 아무것도 이상한 것이 없었다. 물론 임신이 된 것도 아니었다.

"별로 이상한 데가 없어요. 아무것도 이상물질이 들어있지도 않고요."

"그래요? 그렇다면 안심했어요. 하지만 아무래도 이상하네요. 꼭 이상한 것이 남아 있어야 할텐데요."

의사는 이상하게 생각했다.

"무슨 말씀이신가요?"

"하지만, 저는 남자친구가 있어서 가끔 만나거든요. 그런데 그 사람 저에게 올때는 거기가 굉장히 커요. 그리고 갈때에는 아주 작아져서 가거든요. 그러니까 매번 그것이 저의 뱃속에 담겨 있어야 할 것 아니겠어요? 그런데 아무것도 없다면 어디로 갔을까요."

스님의 거짓말

어느 스님이 시골길을 걷고 있었다. 그늘진 정자나무 밑에 3인의 농부가 둘러앉아 무엇인가 의논이 분분하다. 스님이 가까이 가니까 그 중의 한 농부가 반가워하면서 말을 걸었다.

"대사님, 잘 오셨습니다. 사실은 우리 셋이 조금전에 여기에서 5천원짜리 돈을 주웠습니다. 딱 한장이니까 쪼갤 수도 없고, 막걸리를 마시자니 돈이 아까워서 우리는 각기 거짓말을 해가지고 최고의 거짓말장이가 이 돈을 갖기로 하였습니다. 그러니 대사님께서 최고의 거짓말을 가려주십시요."

스님이 아주 근엄하게 대답했다.

"무슨 말씀들을 하십니까? 아무리 작은 일이라도 거짓말은 안되는 일, 그렇거늘 최고의 거짓말을 해서 돈을 갖는다는 것은 옳지 못한 일이요. 우리같이 입산수도하는 중은 바늘끝만한 거짓말도 해본 기억이 없는데

어떻게······" 그러니까 3인의 농부가 손벽을 치면서
"우리가 졌다. 대사님 5천원 가지십시오."하는 것이었다.

속마음은······.

가을은 예술의 계절이다. 여기저기에 개인전이 열리고 있었다.
어느날 한 전시장에 중년의 신사가 와서 풍만한 나체의 여인상 앞에 발을 멈추었다. 화가가 다가가서 눈치를 살폈다.
"선생님 어떻습니까? 졸작입니다만 마음에 꼭 드는 그림입니다. 얼마입니까?"
"신진화가를 지원하시는 독지가의 높은 뜻을 받는 의미에서 오십만원에 드리겠습니다."
신사는 안주머니에서 수표책을 꺼내더니,
"좋소. 당신의 말대로 좋은 값에 사겠오. 난 그대신 이 그림 속 모델의 주소를 가르쳐 주시오."

생명을 구하기 위해

세계를 여행중인 어느 승선 여인의 일기.
(월요일)
나는 갑판에 서서 수평선의 아름다움과 파도의 웅장함을 만끽했다. 마침 선장이 자기 방으로 나를 안내하여 항해에 대한 좋은 얘기를 해주어 한결 도움이 되었다.
(화요일)
역시 선장은 친절했다. 관계자외 출입금지라 된 선실에서 사진도 찍고 항해술에 대한 지식을 배우기도 했다.

풍자와 해학 유머 보따리

(수요일)
선장은 나에게 사랑을 고백했다. 어제만 해도 그는 처자가 있는 신사라고 했었다. 나는 별반응을 보이지 않았다.

(목요일)
선장은 완강했다. 8백명이나 되는 선객의 안전을 위해서 자기의 요구를 승락해 달란다. 만일 거절하면 처자가 없는 저 세상에서 나와 결혼하기 위해 이 배를 침몰시키겠단다. 나는 고민했다.

(금요일)
나는 좋은 일을 했다. 선장을 위해서가 아니라 8백여명의 생명을 구하기 위해서 나는 그와 희생적으로 즐겼다.

말씨름

농담을 좋아해서 항상 말씨름을 벌리는 사람이 밖에 일이 있어 나섰는데 저쪽에서 바로 말씨름 친구가 나타났다.
"어이, 가난귀신. 어디가는 길인가?"라고 인사겸 말을 붙이니까,
"너의 집에 가는길이다."라고 대답하는 것이었다. 가난귀신이 자기집에 간다고 하였으니 기분나쁠뿐 아니라 이번싸움은 진 것이다.
일을 보고 돌아오는 길에 그 친구를 또 만났다. 이번에는 도전을 너그럽게 하고 아까의 농담도 상쇄할겸,
"어이. 복귀신. 어디서 오는거야?"
"응, 지금 막 자네집에서 나오는 길이야."

나는 살고 싶어

사형언도를 받은 죄수가 형장에서 집행을 받게되면 최후의 소원을 말

풍자와 해학　　유머 보따리

110

하게 되고, 그것은 대개 받아 들여진다.

오늘도 구치소장과 검사의 입회하에 한 여죄수의 사형집행을 하게 되었는데 목사의 설교가 끝나자 검사가 말했다.

"최후로 소원이 없는가? 어떤가, 담배라도 한개 피우겠나?"

"그럼 기분 전환도 할겸 소주라도 한잔 할까?"

"그것도 싫습니다."

"사실은 옛날부터의 관습으로 최후의 소망을 들어주는데……. 무엇이든지 한가지 소원을 말해보지"

"그렇게 말씀하신다면, 꼭 한가지만 말씀드리겠습니다. 저는 애기를 배고 싶습니다."

(임신중의 죄수는 그 아이가 엄마 젖을 먹지않게 될때까지 사형집행이 연기된다)

묘한 행운

풍풍한 부인이 핸섬한 남편의 비서를 침실로 불러들이는데 성공했다.

어느날 사업가 남편이 무심코 침실에 들어 갔더니 부인의 거대한 유방사이에 조그만 비서가 꼭 끼어서 헐떡거리면서 두 손을 싹싹거리며 비는 것이다.

"사장님, 죽을 죄를 지었습니다. 사모님이 원하시더라도 이런 일은 않겠습니다. 제발 모가지만 붙여 주십시오."

사업가는 냉담한 표정으로 여송연을 쭉 빨면서,

"아니 괜찮아. 자네가 나의 고통스러운 일을 대신하는 것을 진작 알았더라면……. 훨씬 좋은 친구가 되어 주게나. 자네의 월급은 배로 올려주지. 덕분에 나는 가장 힘든 일을 면하게 되었으니까"

풍자와 해학   유머 보따리

이혼 사유

제법 아름답고 발랄하다고 자처하는 아가씨가 마을에서 가장 핸섬하고 건장한 청년과 결혼했다.

그러나 그 청년은 아가씨가 생각했던만큼 신부를 사랑하지 못했다. 신부는 차츰 나아지려니하고 참고 견디려 하였지만 결과는 실망뿐이었다. 신부는 마침내 이혼소송을 제기해서 재판정에 섰다.

판사는 신부에게 이혼을 해야할 이유를 설명하라고 했다.

"재판장님, 이렇게 많은 사람이 지켜보는 가운데서는 말로 말씀 드릴 수가 없습니다. 아무래도 은밀한 부부생활의 비밀일 뿐 아니라 남자의 장래를 고려해서라도 말씀입니다."

"하지만 비밀 재판을 할만큼 중대 안건도 아니니 어서 사유를 설명하시요."

"재판장님, 종이나 연필을 주신다면 여기서 간단히 써서 드릴 수는 있습니다."

재판장은 서기에게 필기도구를 주라고 명했고, 서기는 종이와 만년필을 신부에게 주었다. 신부가 만년필로 무엇인가 쓰려하니까 잉크가 다 떨어져서 나오지를 않았다. 서기가 미안해 하며,

"부인, 죄송합니다. 아무 쓸모없는 것을 드려서. 곧 잉크를 넣어 드리겠습니다." 그러니까 신부가 생각난듯이,

"재판장님, 바로 이것입니다. 그것이 아무 쓸모없는 것 이라는게 이혼하려는 중대 사유입니다.

풍자와 해학　　유머 보따리

최후 진술

"예. 나가겠어요. 아주머니가 그렇게 추하다, 게으르다, 어떻다, 트집만 잡으시는데 어떻게 있겠어요. 그렇지만요, 나가는 마당에 최후로 말씀 드릴 것이 있어요."

"그래라. 네가 무슨 말을 하려는지는 모르지만 내 들을 테니까 해봐라."

"첫째, 아주머니는 저보고 못생겼다고 하지만요. 제가 아주머니보다 더 잘생겼대요. 딴 사람아닌 아저씨가 그러셨어요. 그리고 아주머니는 저를 추하다고 하시지만 제가 휠씬 깨끗하고 맵시가 좋다고 역시 아저씨가 말씀했어요. 또 있어요. 침실 매너도 아줌마보다 제가 휠씬 좋대요."

"그말도 아저씨가 하시던?"

"아녜요. 이 말은 자가용 운전사아저씨가 그러셨어요."

보 배

밍크코트를 입은 부인이 친구들에게 자랑을 한다. 아무리 살기가 좋아졌다지만 역시 밍크코트쯤 되면 화제가 아닐 수 없다.

"야! 굉장하구나. 역시 여자는 시집을 잘가야해. 너 아주 행복에 겨워서 어쩔줄을 모르는구나."

"좋을 것도 없고, 나쁠 것도 없어. 그리고 행복하고는 더욱 거리가 먼 거야"

"얘, 그게 무슨소리니? 밍크코트를 얻어 입고도 행복하고는 멀다니"

"사실은 말이지. 우리 그이가 가정부하고 키스하다가 나한테 들켰지 뭐니. 그래서 할 수 없이 이것하나 사준거라구"

"뭐? 네 남편도 남편이지만 가정부가 간도 크구나. 그래, 바로 내쫓았겠지?"

"무슨 말씀야. 너희는 그러니까 이런 것이 안 생기지. 가정부가 얼마나 큰 보배인데 내쫓니? 난 갖고 싶은 것 다 갖기전에 지금 가정부한테 기회 많이 줄거야."

이득있는 장사

버릇없는 남자가 유부녀를 농락하다가 본 남편에게 들켰다.

손이 발이 되도록 빌고 타협한 나머지 5만원만 주면 이번에 한해서 불문에 붙이겠다는 선으로 얘기가 되었다. 당장에 돈이 없으니까 집에 와서 부인에게 사실을 고하고 돈을 내놓으라고 사정했다.

"한번에 5만원이라고 하셨죠? 그렇게 야단만 칠게 아니라, 당신 지금 곧 그집에 가서 10만원을 받아오세요."

"아니 여보, 내가 5만원을 주기로 했는데 어떻게 10만원을 받아오란 말이요. 당신, 내가 유치장에 가는꼴을 보자는게지?"

"아니예요. 한번에 5만원이죠. 내가 그집 남자하고 세번이니까 15만원이 되겠네요. 15만원에서 5만원빼면 10만원이 남으니까 말에요. 이제 아셨죠."

"응. 그렇구나. 내가 밑지는 장사를 할 까닭이 없지."

누굴 믿고 사나

신혼살림은 깨가 쏟아진다. 잠시도 떨어지고 싶지가 않다. 가능하다면 회사고 무엇이고 다 때려치우고 늘 함께 있고 싶은 것이 사실이다. 그러나 그렇게 할 수 없는 것이 인생이다.

남편은 아내가 못잊어져 회사에 갈때마다 몇번씩 키스를 하는 것이

풍자와 해학   유머 보따리

일과가 되었다. 그런데 오늘은 늦잠을 자다가 허둥대는 바람에 그만 키스를 잊어먹고 그냥 나왔다.

지하철역까지 왔지만 서운해서 그대로 차를 탈 수가 없었다. 약간 지각하더라도 집에 가서 키스를 해야만 아내가 오해를 안할 것이다. 집에 돌아와 보니까 아내는 부엌에서 설거지를 하느라고 정신이 없다.

아무소리 안하고 뒤로 다가가서는 두손을 아내의 겨드랑이 아래로 넣어 젖무덤을 두손으로 꼭 쥐면서 목덜미에 키스를 했다.

아내는 뒤도 돌아보지 않고, 놀라지도 않으면서 태연하게 말했다.

"오셨어요? 오늘은 우유 두병하고 계란 열개만 놓아 주세요."

죽기는 싫어

부부는 오늘도 심각하고 진지하게 생각하고 상의했다. 결론은 역시 죽는 길밖에 없었다. 이제 남은 것은 어떠한 방법으로 죽느냐 하는 것이다.

죽는 사람이야 그 방법이 어떤 것이든 상관없지만, 죽은 뒤에라도 아는 사람들에게 추한 꼴을 보이기가 싫었고, 마을사람들에게 폐를 끼치기가 싫었다. 결국 아무도 눈에 띄지 않는 호젓한 곳에 가서 죽기로 하였다.

밤이 되기를 기다려, 둘이 만날때도 청사초롱을 밝혔으니 죽는 길에도 초롱을 들고 길을 더듬어 나갔다. 얼마나 갔을까! 갑자기 남편이 초롱불을 불어 꺼버렸다. 칠흑같은 어둠이 주위를 감싸자 아내가 남자의 옷자락을 부여잡으며 말했다.

"여보, 무슨 짓이에요? 같이 죽기로 하고서는 이 어둠속에 나만 버려두고는 도망갈 참이에요?"

남편은 "아니야, 내가 왜 당신을 두고 도망가겠어. 지금 보니까 초가 얼마 남지 않았다구……"

"초가 얼마 남지 않았다구……"

"초가 얼마 남지 않았으면 어때요?"
"다 없어지면 이따가 어떻게 돌아갈려구 그래!"

장인의 충고

결혼을 한 김군은 아내 때문에 무척 신경을 쓰고 있다.

아내는 남보다 예쁘고 뛰어난 사교성을 가진 것이 장점이고, 김군 또한 이점을 취하여 결혼한 것이다. 그러나 바로 그러한 장점이 오히려 김군을 괴롭힐 줄을 몰랐다.

김군의 부인은 자기 나름대로 사교계를 누비면서 눈부신 사교를 벌리고는 있으나, 그것이 김군에게 도움을 주기 위한 것이 아니고 그녀 자신의 향락을 위한 것이라는 데에 문제가 있었다.

김군은 친구들의 화제의 대상이 되고, 빈축을 받고 야유를 당하고 창피를 겪고 하는 가운데 더 이상 참을 수 없는 단계에 다다랐다. 김군은 장인을 찾아갔다.

"장인어른, 더 이상 견딜 수가 없습니다. 제가 얼굴을 들고 나다닐 수가 없을 지경입니다. 어떻게든지 부정한 현장을 잡을테니 용서하십시오."

이 말을 들은 장인은 아무렇지도 않은듯이 다음과 같이 타일렀다.

"자네의 고충도 이해는 가네. 그러나 우물도 한 곳을 파야 물을 얻는 법, 무던히 참는 자만이 영광을 얻을 수 있는 것이네. 바로 내가 그 산증인이라네. 자네 장모로 말하자면 지금의 딸년이 문제가 아니어서 내가 뜨거운 꼴을 무수히 당했다네. 그러나 지금은 어떤가! 얼굴은 주름투성이고 몸은 하마와 같이 살이 찌고 젖가슴은 축 늘어지고, 지금은 나를 속이려는 생각은 꿈에도 하지 않는다네. 그러니 자네도 30년만 기다려보게. 자네가 지겨울 정도로 정숙해 질 것이니……."

풍자와 해학   유머 보따리

무서운 여자

지방 거래선에 수금차 나갔던 영업사원이 호텔을 찾아 들었다. 무심코 호텔 입구에서 한 부인을 만났는데 매우 매력적인 유혹의 눈길을 보내는 것이 아닌가.

객지에서의 호기심에 그녀에게 말을 건네보니까 자기 남편에게 하듯이 상냥하고 다정하게 구는 것이다. 둘은 팔장을 끼고 후론트에서 숙박계에 부부라 기장하고 보란 듯이 객실로 들어갔다.

영업사원은 이것이 웬 떡이냐 싶어 달콤한 날들을 지냈다. 그리고 3일, 그 지방에서의 용무가 끝이나서 그 부인에게는 적당히 사례를 하고 호텔 비용을 계산하는데 하루에 1만원씩 33만원의 청구서가 나왔다.

영업사원은 화가나서 후론트에 항의를 했다.

"여보, 나는 겨우 3일밖에 안되는데 어떻게 33일분을 청구하죠?"

후론트에서는 이상하다는 듯이 "예 맞습니다. 선생님은 3일간이지만 부인께서는 선생님보다 30일이나 먼저 오셔서 기다리셨습니다."

영업사원은 쓴 입맛을 다시면서 중얼거렸다.

"여자의 돈주머니는 묘한 곳에 붙어 있단 말야……"

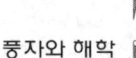 풍자와 해학   유머 보따리

남녀의 대화

둘은 사랑하는 사이, 결혼 날짜가 가까워졌다.
"이봐, 우리 결혼날짜가 가까워졌는데 말야. 간단하게 끝내는 것이 좋을까, 아니면……"하고 남자가 말하니까,
"간단하게요! 싫어요. 그렇게 빨리 잠들어 버리면 무슨 재미로 살아요."

걱정이 되는 것은

며칠후에 결혼을 하게 된 딸이 어머니에게 하소연을 한다.
"엄마, 나 결혼날짜가 가까워 오니까, 자꾸만 겁이나요. 혹시 그이에게 커다란 실망이라도 안겨주어 불행해지는 것이 아닌가 해서 말야"
딸을 가진 엄마의 마음은 모두 같겠지만 이 엄마도 딸이 무엇을 걱정하는가를 금방 알아차렸다는 듯이 부부생활의 비밀스러운 얘기까지 자상하게 설명하기 시작했다. 그러니까 딸이 엄마의 말을 가로막으며,
"엄마, 그런 일은 다 알고있어요. 벌써 여러번이나 그이하고 경험을 했는데 새삼스럽게 그런 얘기를 해……"
"뭐? 너는……."
어머니는 놀랍고도 기가 막혔다.
"엄마, 지금은 옛날과 다르단 말야. 그렇게 상대를 모르고 누가 결혼을 해"
"그렇게 잘 알면서 뭐가 겁이 난다는거냐?"
"내가 걱정하는 것은 요리솜씨야.."

튼튼한 침대

외항선원인 남자는 사랑이 그리웠다. 펜팔을 해서 여자를 알게 되었다. 여자는 항공회사의 스튜어디스였다.

그들은 하늘과 바다의 만남으로 무척 이상적인 결합이라고 생각했다. 남자는 배를 타고 오대양을 누비고 여자는 비행기를 타고 육대륙을 덮는다. 이렇게 쉴사이 없이 움직이다 보니 데이트 할 시각이 많지 않았다. 여하간 둘이는 약혼을 했고 결혼날이 가까웠다.

남녀는 백화점엘 가서 살림을 장만하는데…… 침대를 파는 아가씨가 쿠션이 어떻고, 디자인이 어떻고 하며 설명을 하니까 신부감인 스튜어디스가 말했다.

"우리는 쉴 사이 없이 움직여야 하니까 튼튼한 것으로 골라 주세요."
"?"

아빠는 낙제다

애인에게 결혼을 하자고 했다. 애인은 집에가서 엄마한테 말씀드리고 대답을 한다고 해서 기다렸다. 아무리 기다려도 대답이 없다. 그는 여자의 집으로 찾아갔다.

그녀는 이불을 뒤집어쓰고 누워 있었다.

"아니, 이게 뭐야. 사람을 기다리게 해놓구선 자기는 집에 누워있기만 하면 되나? 어떻게 됐어? 오케~야?"

남자는 다급했다. 여자는 미안하다는듯이 입을 연다.

"엄마가 이렇게 말하는거야. 네가 좋아하고 서로 사랑한다면 나는 누구라도 좋다. 그러나 그 사람만은 절대로 안된다하고 자기를 거절하는거야"

풍자와 해학 유머 보따리

남자는 화가 머리 끝까지 치밀었다.

"뭐야? 어째서 내가 그렇게도 싫으시다는 거야. 단 한번도 만나보지도 않구선 말야. 어떻게 그렇게 잡아뗄 수가 있어?"

"기분나쁘게 생각하지 마. 사실은 말야 내가 자기를 엄마에게 말했어. '엄마 그 사람 꼭 아버지 닮았어' 했더니 금방 그런 반응이 나왔어"

기분 나쁜 숫자

한 남자가 한 여자를 사랑하게 되었다. 맹렬하게 사랑을 고백해도 여자는 좋다는 대답을 않는다. 그렇다고 싫은 눈치도 아니다.

몸이 화끈 달은 남자가 핀잔섞인 투정을 한다.

"이봐, 내가 싫으면 싫다고 해요. 이렇게 골탕만 먹일 게 아니라 결판을 내야 할 게아니냐 말야?"

여자가 대답한다.

"자기를 왜 내가 싫어 해. 나도 답답하단 말야. 한 사람 먼저 오든지, 아니면 한 사람 늦게 나오든지 했으면 나도 이렇게 괴롭지는 않을거야!"

"아니, 그게 무슨 소리야. 내가 뭐 줄을 서서 왔나?"

"난 몰라, 자기가 꼭 열세번째란 말야. 열셋은 좋지않어. 나는 불행해 지고 싶지는 않단 말야"

풍자와 해학   유머 보따리

동문 서답

누구는 과거가 없을까?

만일 과거가 없다면 그것은 이제 막 태어난 애기뿐일 것이다. 그러나 혼기에 다다른 여자가 아름답지 못한…… 아니다 그때는 즐거웠던 과거가 있다면 그것은 치명상이다.

이 여자도 그런 과거가 있기에 그리고 너무도 정직하고 양심적이기에 이런 저런 올드미스가 되어 버렸다. 이번 혼담도 확실히 고민을 안고 왔다.

"아버지, 난 거짓말은 못해요."

"누가 거짓말을 하랬니. 그저 말을 안하면 되는 것이지"

"아버지, 평생을 함께 할 그 이에게 숨기는 것이 있으면 죄를 받을 것 같아요. 책을 읽히듯이 있는 그대로 마음속을 다 털어놓고 심판을 받고 싶어요."

아버지는 한참만에 대답했다.

"그 사람 말이다. 네가 책 얘기를 하니까 말이다만, 그 사람은 책 내용보다는 표지에 신경을 쓰는 사람이더라."

풍자와 해학   유머 보따리

팽팽한 적수

올드 미스가 시집가서 아이를 둘이나 가진 친구를 만났다.
"얘, 너 오래간만이구나. 어머, 벌써 애기를 둘이나 낳구, 아이구 예쁘기도 해라"
수선을 떠는 올드미스에게 그 친구가 한마디 한다.
"너는 아직도 미스라면서. 얘 어지간히 골라라. 어서 시집가서 너도 애를 낳아봐라. 깨가 쏟아진다."
"얘, 어지간히 고르라니, 그래 이상에도 맞지않는 남자하고 결혼하란 말이니?"
"그럼, 넌 요새 맞선도 보지 않는구나?"
"아냐 며칠전에 한사람 보았어"
"그래! 어떻든 네 이상에 맞는 남자겠지?"
"응 괜찮더라"
"그럼 하지 그래. 너 별사람 있는 줄 아니?"
"그런게 아니고 그 남자도 이상적인 여자를 찾나 봐"

수면제

젊은 새댁이 병원에 와서 수면제를 달라고 한다.
의사는 직업의식이 발동하여,
"올해 몇살이죠?"
"스물 다섯살이에요"
"결혼을 했나요?"
"예, 한달전에 했어요."
의사는 이상하다는듯이

풍자와 해학　　유머 보따리

"결혼하지 한달밖에 안되었는데 벌써 수면제를 먹어야 할 정도인가요?"

그 새댁은 오히려 의사를 빤히 쳐다보더니,

"선생님 잠을 못자는것이 당연한가요? 벌써 한달째 잠을 잘수가 없는데요"

"그래요, 그렇다면 한번 진찰을 해볼까요"

새댁이 깜짝 놀라면서,

"선생님, 수면제는 제가 먹을 것이 아녜요."

"그럼, 누구에게 먹일 것인가요"

새댁이 부끄러운듯이,

"그이에게 먹여야겠어요. 그이가 한달째 잠을 안자고 있으니까. 그이를 재워야 저도 잘수 있을거예요."

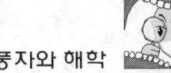 풍자와 해학   유머 보따리

순서도 순서 나름

하나의 목적을 얻기 위하여 여러사람이 모일 때에는 반드시 질서를 존중하여야 하고 그 질서는 선착순으로 줄을 서는 것으로 표현된다.

지하철을 탈 때, 버스를 탈 때, 영화관에 들어갈 때 따지자면 한이 없다. 여기는 산부인과의 보호자 대기실이다.

젊은 남자 셋이서 불안한 표정으로 출산을 기다리고 있다. 누구나 다 초조하고 불안한 가운데 커다란 기대같은 것을 가지고 기다리는 곳이다. 시간이 흐를수록 초조감은 극에 달하며 별재간 없으면서도 산실쪽을 기웃거리고 손바닥을 부비고, 담배를 피우고, 이렇게 부산을 떠는데 간호사가,

"홍길동씨. 순산했습니다. 옥동자를 낳았어요. 축하합니다."

홍길동은 연신 허리를 굽실거리면서,

"고맙습니다. 감사합니다"만 연발한다. 그러자 한 남자가 간호원에게 시비를 걸었다.

"이런 법이 어디 있오! 저 양반 보다 우리가 한시간이나 일찍 왔는데, 어쩌서 뒤로 돌려버리고 저 사람이 먼저란 말이요! 버스를 탈 때 새치기를 당해도 기분 나쁜데 이것은 너무하지 않소?"

임산부의 걱정

결혼후 1년만에 애기를 낳게 된 임산부가 산부인과에 왔다.

"선생님 별 이상은 없죠?"

"예, 안심하세요. 아기는 건강하게 나올날만 기다리고 있습니다."

임산부는 걱정스러운듯 말했다.

"그런데 선생님, 저는 걱정이 돼서 마음이 안 놓여요."

풍자와 해학   유머 보따리

의사는 깜짝 놀라면서,

"그게 무슨 말씀입니까. 임산부는 무엇보다도 마음을 편하게 가져야 합니다. 그리고 자신을 가지고 출산에 대비해야 되니까요"

"그렇지만 딴것이 아니고 아기를 낳을 때 저는 어떻게 해야 하는지를 몰라요"

의사는 알았다는듯이 미소를 띄우며,

"그것이라면 걱정할 것 없어요. 들어간 곳으로 나오게 되니까요. 들어갈 때와 같은 자세만 취해주면 수월하게 나오게 돼요."

그러니까 임산부는 더욱 난처한듯

"선생님, 그렇다면 저는 애기를 낳을 수 없을 것 같아요. 애기가 들어갈 때의 자세가 어느 것인지 모르거든요."

 풍자와 해학 유머 보따리

무식한 아버지

학교에서 선생님에게 벌을 받고 왔다는 아들에게,
"얘, 오늘 너 학교에서 벌을 섰다며? 무엇을 잘못하였니?"
"저…… 에디오피아가 어디에 있는지 몰라서요."
"이런 멍청한 자식! 아무거나 함부로 내버려두니까 그렇지. 물건은 늘 잘 간수해야 하는 법이야."

철없는 아들

파출소에 급히 달려온 한 아이가,
"여보세요, 순경 아저씨. 지금 큰일났어요."
"무슨 큰일이야?"
"저쪽에서 싸움이 났는데, 지금 우리 아빠가 얻어맞고 있어요."
"싸움이 언제부터 시작됐지?"
"한 시간은 되었어요."
"그런데 왜 이제서야 왔니?"하고 순경이 물으니까 아이가 한다는 대답이,
"우리 아빠가 이길 것 같아서요."

염려 마세요

주인 마누라가,
"자네는 내가 침실에 있거든 반드시 문을 두드리고 들어오게, 그래야 내가 마음놓고 옷을 입지 않겠나?"
남자 하인이,

풍자와 해학   유머 보따리

"염려 마십시오. 들어오기 전에 꼭 열쇠
구멍으로 들여다보고 들어오니까요."

말 재주

추운 겨울 날, 말을 탄 나그네가 눈을 흠뻑 맞고 주막에 들렀다. 방에는 앉을 틈도 없이 손님들이 가득 차 있어, 앉아 몸을 녹일 수가 없었다.
나그네는 주인에게,
"여보, 주인. 약주 한 되만 따끈히 데워다가 말에게 주십시오. 밖에서 좀 춥겠소."하니, 주인 뿐만이 아니라 방안의 손님들도 모두 놀라서,
"여보시오, 손님. 말에게 술을 갖다 주라니 정신이 나간 사람 아니오?"
"여러 말 하지 말고 어서 갖다 주시오. 내 말은 술을 잘 마시니까"
말이 술을 마신다는 소리에 술을 들고 나간 주인을 따라서 방안의 손님들도 모두 구경하러 나갔다.
얼마 후에,
"아니, 말이 어디 술을 마신다고 거짓말 하는거죠? 하마터면 술잔을 엎지를 뻔 했소."하고 술집 주인이 화를 내니, 그 나그네는 따뜻한 아랫목에 앉아서 몸을 녹이며,

"아, 주인장 욕 보셨오.
말이 마시지 않는다면
내가 마시지요. 상을 봐
오시오."

풍자와 해학　　유머 보따리

사위의 언변

갓난 꼬마까지 데리고 처가에 찾아와 오랫동안 머물며 떠날 줄 모르는 사위가 있었다.

장인은 딸자식 둔 죄로 말도 못하고 사위의 눈치만 살필 뿐, 다른 도리가 없었다. 그러나 사위는 워낙 비위가 좋아서 그런지 날이 갈수록 살만 찌고 있었다.

"먼 곳에서 이렇게 처가랍시고 찾아왔는데 그 동안 변변히 대접도 못해줘서, 미안하네. 그나마 그 동안 집에 있는 가축들도 다 잡아 먹었으니, 혹시 내일 부터 대접이 소홀해 진다하더라도 서운케 생각말게나"

사실 장인은 사위가 자기의 의도를 알아차리고 떠나 주기를 바랐다. 하지만 사위는 오히려 장인을 위로하는 것이었다.

"장인께서는 조금도 걱정하실 필요가 없습니다. 제가 이곳에 올 때 보니까 저쪽 산에서 살찐 사슴들이 뛰어다니고 있었습니다. 집안 가축을 다 먹었으면 앞으로는 그놈들을 잡아먹어도 1년 정도는 걱정없을 겁니다. 그러니 너무 염려하지 마십시오."

"그게 아닐세. 자네가 이곳에 온 지가 얼마나 됐는데? 그곳에 있던 사슴들은 이미 다른 곳으로 떠나고 없을거야."

"모르시는 말씀입니다. 아직까지 풀이 무성하고 먹을 것이 많아 아직 그곳에 머물고 있을 겁니다."

사위의 말주변에 장인은 더 이상 할 말이 없었다.

최고의 시집살이

어린 처녀가 시집을 갔다.

하루는 솥에서 이상한 냄새가 나는 것이었다. 깜짝 놀라서 솥을 내려

풍자와 해학   유머 보따리

놓고 보니, 솥밑에 시아버지의 바지가 누렇게 타고 있었다.

큰 일이었다. 그녀가 어쩔 줄을 몰라 울고 있으려니까 마실 갔던 시어머니께서 돌아오셨다. 빨래 태운 일을 얘기하고 용서를 빌며 울자,

"아가, 그건 내가 잘못한거야. 늙은 것이 빨래 삼는 날은 집안에 앉아서 불이라도 좀 봐줘야 하는 건데, 내가 잘못했구나."하며, 오히려 달래주는 것이었다.

이렇게 시어머니가 며느리를 달래고 있는데 아들이 들어왔다.

"왜들 그러세요?" 분위기가 이상해서 아들이 그 까닭을 물었다.

어머니가 모든 사정을 얘기해주자, 아들이 그 이야길 듣고는,

"그건 제 잘못입니다. 아침에 바쁜 일이 있어서 물을 조금만 길어다 놓았더니 그렇게 되었군요. 잘못은 내게 있으니 그만 울어요."

그때 마침 시아버지가 들어오셨다.

"새 아기가 우는 것을 보니 당신이 무슨 꾸지람이라도 한 모양이구료!" 이에 시어머니가 설명을 하자,

"아가, 울지마라. 내가 늙어 힘에 겨워서 장작을 굵게 팼더니 그렇게 되었구나. 다 내 불찰이다. 그만 울거라."하고 말했다 한다.

게으른 부인

옛날 어느 고을에 가난한 선비가 있었다. 이 선비의 부인은 게으르기로 이름난 여자였다. 어찌나 게을렀던지 남편이 옷까지 입혀주고 밥도 먹여주어야 될 정도였다.

어떤 때는 밥을 떠서 입에 넣으려면 입을 벌리기가 싫어서 짜증을 내고, 옷을 입히려고 하면 팔을 들기가 싫어서 화를 낼 정도였다. 그렇다고 재산이 풍부하여 하인이라도 둘 수가 있었다면 그런 게으름은 일일이 돌보아줄 수 있었겠지만 그만한 여유조차 없으니 더욱 안타깝고 가련한 사

풍자와 해학   유머 보따리

람은 남편이었다.

그의 남편인 선비는 공무로 지방에 출장을 가게 되었다. 선비는 아내가 위낙 게을러 자기가 출장간 후에 굶어죽으리라는 생각을 한 나머지 마누라의 베개 밑에다 5일간 먹을 수 있는 커다란 떡을 만들어 두고,

"여보, 이 떡이라도 먹으면서 기다리도록 하오."하고 집을 떠났다.

지방으로 출장을 떠난 선비는 아무래도 집에 있는 부인이 안심이 되지 않아 바쁜 일정을 하루 앞당겨 급히 집으로 돌아와 대문 밖에서,

"여보! 내가 왔소!"하고 아내의 생사를 확인하려고 급히 불렀으나 아니나 다를까 아무런 대답이 없었다. 급히 문을 열고 들어와서 아내를 흔들어 보았지만 아내는 이미 굶어 죽어 있었다.

남편인 선비는 죽어있는 아내를 부둥켜 안고, "출장이 원수로다!"

미역국을 먹는 이유

어느 어부가 고기잡이를 나갔다가 풍랑을 만나 배가 뒤집혔다.

어부는 바다 위를 표류하면서 구조되기만 기다리고 있는데 고래란 놈이 어부를 단숨에 삼켜버렸다.

어부가 고래의 뱃속에서 생각하니 이대로 있다가는 아무래도 죽을 것만 같았다. 그리하여 고래를 죽이고 빠져나갈 궁리를 했다. 어부는 가지고 있던 칼로 고래의 뱃속을 마구 찔렀더니 고래 뱃속은 온통 피바다가 되었다. 그러자 고래의 입속으로 이상한 해초가 자꾸 들어오는데 그 풀이 들어오니까 뱃속의 상처가 금새 아물고 쏟아지던 피도 감쪽같이 멎는 것이었다.

"그것 참 이상한 풀이구나."하고 생각하고 있는데, 마침 다른 어부들이 고래를 잡아 육지로 끌어올려서 배를 가르는 바람에 어부는 구출되었다. 구출된 어부의 말을 듣고 고래 뱃속의 풀을 보니 그게 바로 미역이었

풍자와 해학   유머 보따리

던 것이다. 그래서 그때부터 사람이 해산을 하면 반드시 미역국을 먹게 되었던 것이다.

발만 큰 주제에……

색기가 있어서 말끝마다 남편에게 대드는 여자가 있었다. 그것이 또 순전히 반항을 위한 반항에 불과한 경우가 많아 남편으로서는 정말 어처구니 없는 때가 많았다.

모처럼 마누라에게 버선 한 켤레를 짓게 했더니 그만 칫수를 잘못 재어 너무 작게 만들어놓고 말았다.

버선을 신으려고 억지로 잡아당기다 지쳐버린 남편은 은근히 화가 나서,

"뭐야? 늘 작아도 될 물건은 주착없이 크면서 버선은 또 이다지도 작게 만들어 놓았으니……"하고 푸념을 늘어 놓았다.

남편이 자기의 몸에 비유해서 하는 말인줄 짐작한 마누라는,

"뭐에요? 당신도 마찬가지지. 커야 할 것은 크지도 못한 주제에 쓸데없이 발만 크니 원……"하고 대꾸했다.

편지

어느날 저녁이었다. 화가 잔뜩 난 부인이 남편을 바라보며 소리쳤다.

"여보! 당신 정말 어떻게 된 거에요? 한달 전에 당신에게 부탁하여 부쳐 달라고 한 편지가 당신의 주머니 속에 그대로 들어 있으니 어떻게 된 일이지요?"

이때 남편이 태연하게,

"아니, 내가 당신의 부탁을 잊을리 있겠나. 그러나 내가 부탁한 일도

한 달 전의 그날이었어. 내 바지 단추를 달아달라고 했더니 단추를 달아 주지 않으니까 여태까지 편지를 부치지 않았지."

멍청한 아우

옛날 어떤 사람이 과거를 보았는데 자기는 마음이 약하여 충격을 받을까 봐 발표장에 가보지 못하고 아우를 대신 보냈다.

아우가 발표장에 가보니 과연 자기 형의 이름이 나붙어 있었다. 그러자 그는 기쁜 소식을 자기 형에게 알릴 생각도 않고 그 자리에 턱 버티고 선 채 해가 다 지도록 합격자 명단만 쳐다보고 있었다.

집에서 아우가 오기만을 내내 기다리다 못해 하인을 시켜 가보도록 했다. 명을 받은 하인이 발표장에 가보니까 주인의 아우는 허기에 지쳐 가까스로 몸을 가누면서 합격자 명단 앞에 서 있는게 아닌가!

"지금까지 여기서 뭣 하느라고 이렇게 서 있으면서 집에는 돌아오지 않느냐?"

"모르는 소리하지 마시오. 세상에는 동명이인이 얼마나 많은 줄 압니까? 만약 내가 여기서 이렇게 형님 이름을 지키지 않으면 다른 사람이 나타나서 자기가 급제한 사람이라고 주장할지 어떻게 압니까? 하고 말하더란다.

대장장이와 직공

대장장이와 직공이 모두 말더듬이인 대장간이 있었다.
대장장이가,
"이이이이노옴, 어어어서 때때때때에려 야야야야아아지."
"어어어어디이르을 때때때때에리까요?"

"그그그그만 두두두어. 이이이이젠 쇠쇠쇠쇠가 다 식어어어어었으니까."

아이들의 궤변

한밤중에 내외가 즐기고 있었다. 어찌나 좋았는지, 아내가 "나 죽는다, 나 죽는다"하고 연방 앓는 소리를 낸다.

아이 둘이 옆에서 자고 있다가 큰 아이가 이 소리를 들었다. 큰 아이놈은 그만 킥하고 웃었다.

어머니는 부끄럽기도 하고, 한편으로는 화도 나서 그 녀석의 머리를 한대 쥐어 박았다. 그 모습을 보고 있던 작은 아들이,

"그럴 줄 알았어. 엄마는 죽겠다는데 울진 않고 웃으니까 맞지 뭐야."

짓궂은 남자

여러 사람이 모인 자리에서 예쁘게 생긴 여자가 그만 실수로 방귀를 뀌었다. 쑥스럽고 무안해서 견딜 수가 없었다. 그래서 어떻게 망신을 면해 볼까 궁리하다가 손가락으로 나무의자를 문지르기 시작했다.

나무에서 나왔던 소리라고 말하기 위해서였다. 생각한 대로 아까와 비슷한 소리가 났다. 그러자 짓궂은 남자 하나가 산통을 깨었다.

"아가씨는 재주가 좋으시군요. 틀림없이 아까 그 소리였습니다."

 풍자와 해학   유머 보따리

반죽음

지독히 가난한 청년에게 한 짖궂은 부자가 말했다.
"어때, 네가 나한테 죽도록 매를 맞아 볼 용의가 있다면 은돈 천 냥을 주지."
이에 가난한 청년은 한참동안 생각하더니 이렇게 말했다.
"천 냥은 너무 많습니다. 오백 냥만 주시죠. 그 대신에 반죽음만 해드리겠습니다."

내가 어린앤가

양반집의 계집종이 제법 예쁘다. 그러하니 상전 나리께서 침을 흘리지 않을 수가 없다.
하루는 계집종을 꾀여 뒷동산으로 데리고 가서 한참 재미를 보고 있는데, 그 계집종의 서방되는 종놈이 지게를 짊어지고 껴덕거리며 올라오고 있었다.
탄로가 나면 양반의 체면이 말이 아니었다. 급해서 도포로 계집종의 얼굴을 덮고 그위에 엎드려 다가오는 종놈을 흘기고 쫓았더니 계집종의 남편은 싱그레 웃으며 가버렸다.
저녁때가 되어 계집종의 남편이 사랑으로 들어와,
"나리마님, 아까 소인이 눈치빠르게 피해 드릴 줄을 다아니, 제법 쓸만하지요."
"오냐 과연 영리하다. 그때 계집이 네가 왔었다는 걸 알면 얼마나 무안했겠니."
"그러기에 소인이 얼른 피했지요."
계집종의 남편이 밤에 이 말을 전하자,

"양반네들 일을 아랫사람들이 함부로 지껄이고 다니다간 목이 달아나요. 아예 입 밖에 내지 말아요."
"이런 젠장! 임자니까 하는거지 뭐 내가 어린앤가"
계집종의 남편이 제법 화까지 내면서 말했다.

중의 머리

어느 절간에서 개를 기르고 있었는데 이놈이 어찌나 사나운지 투견용으로 기르고 싶어 탐내는 자들이 대단히 많았다.
어느날 주지승은 개를 훔쳐 가려는 도둑놈들의 음모를 알고 개집 속에 들어가서 자기로 했다. 이윽고 숨을 죽이고 도둑놈이 오기를 기다리자니까, 과연 개도둑이 왔다.
도둑놈 하나가 손을 개집에 넣고 더듬자 중의 머리가 만져졌다.
깜짝놀란 도둑놈이 일행에게 말했다.
"쉿, 큰일날 개야. 불알의 크기가 사람 대갈통만하니 등치는 얼마나 크겠냐? 잘못 손댔다간 물려죽겠네."

여인과 머슴

한 여인이 개울가에서 허리를 구부정한 채 빨래를 하고 있었는데 벌어진 고쟁이 밑으로 그것이 드러나 있었다. 그것도 모르고 여인은 열심히 빨래만 하고 있었다. 때마침 지나가던 머슴이 벼락치듯 날쎄게 찌르곤 달아났다.
여인이 빨래 방망이를 휘두르며 소리쳤다.
"이 죽일 놈아, 어디에다 함부로 개같은 짓을 하는거야!"
이에 머슴놈이 돌아보며 변명하기를,

"아주머니 그것은 제 손가락이었어요."
"뭐라고 이놈아, 네 손가락은 무슨
기둥이더냐! 아직도 뻐근해서 아파죽겠다."

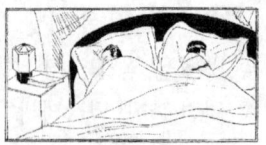

두 과부

가난했지만 지조가 강한 과부가 살고 있었다. 하루는 중이 찾아와서 하룻밤 재워달라고 하였다. 과부가 혼자 사는 가난한 살림인지라 재울 수 없다고 거절했으나 하도 조르는 바람에 단칸방에서 묵어가게 했다.

한밤중이 되자, 중이 슬그머니 과부의 젖가슴 위로 손을 얹었다. 과부는 고단해서 그러려니 생각하고 잠을 깨지 않게 팔을 내려놓았다.

이번에는 먼 길을 걸어서 다리가 아픈 모양이라고 생각한 과부는 여전히 아무 소리없이 다리를 들어 내려놓았다.

이튿날 아침 조반에 산채를 차려서 대접을 했더니, 길을 떠나는 중이 볏짚을 한 단 달라더니 그것으로 가마니 한 닢을 짜주고 갔다. 과부가 궁금해서 무엇이 들었나 열어보자, 쌀을 퍼내도 계속 쌀이 생겨났다. 이렇게 해서 과부는 부자가 되었다.

그런데 이웃집에 사내를 좋아하는 과부가 이 사실을 알고, 그 중이 나타나기만 기다리고 있었다. 드디어 그 이듬해에 과연 사내를 좋아하는 과부의 집에 중이 나타났다. 과부는 좋아서 어쩔 줄을 몰라하며, 저녁을 잘 차려 대접한 후 방에 들어가 함께 누웠다. 그런데 이상하게도 가만히 있는지라 몸이 단 과부는 자기가 먼저 팔을 중의 가슴에 올려 놓았다. 그러자 중이 슬그머니 팔을 내려 놓았다.

과부는 그래도 굽히지 않고 발을 들어 중의 그것에 올려 놓았으나 중은 슬그머니 다시 발을 내려놓았다.

몸이 달아 미칠 지경으로 밤을 새운 과부는 하품을 하며 아침 대접을

풍자와 해학   유머 보따리

잘 해주었다. 중은 아침을 먹고 떠나면서 짚을 한단 달라고 해서 가마니를 한 장 짜주고 바람처럼 사라졌다.

과부가 뛰는 가슴을 누르며 긴장을 해서 열어보니, 아이고 맙소사! 그 속에는 남자의 그것이 가득히 쌓여 있었다.

노련한 기생

기생의 서방이 막 잠자리에 들려는데, 관가에서 기생을 데리러 왔다. 그래서 기생의 서방은 볼멘 소리로,

"이 밤중에 사또를 만나러 가니 서방이 하나 더 늘겠군."

"관가에 들어 갈때마다 서방을 얻는다면 팔도 원님들이 모두 내 서방이 되겠군요. 염려 마세요. 이렇게 든든히 껴 입었으니"

기생은 속옷을 겹겹히 입으며 말하였다. 계집을 보내고 난 서방은 은근히 화가 나서 뒤를 밟았다. 아니나 다를까, 계집은 관문 가까이 가더니 속옷을 벗어 기왓장 밑에 쑤셔넣고 관문으로 들어섰다.

서방은 치미는 분노를 억누르며 속옷을 가지고 집에 돌아와서 잔뜩 별렀다. 그래서 뜬 눈으로 누워 이때나 저때나 계집 오기를 기다렸지만, 기다리다가 그만 깜빡 잠이 들고 말았다.

원님과 재미를 본 기생은 새벽같이 나와서 기왓장 밑을 더듬어 보았으나 속옷이 없었다. 할 수 없이 집에 돌아와보니 남편이 속옷을 품고 자는 게 아닌가. 기생은 살그머니 속옷을 빼앗아 입고 대신 베개를 쥐어주었다. 그러고는 천연덕스럽게 깨우자 남편은 기세등등하게 소리쳤다.

"네 속옷이 여기 있는데도 시치미를 뗄 테냐?" 하고 말하다가 자기의 손에 베개가 있다는 것을 보고는,

"내가 꿈을 꾸었군." 하더란다.

거울

갓 결혼한 신랑이 서울에 왔다가 가는 길에 처음으로 보는 신기한 거울 하나를 부인의 선물로 갖다주자, 부인은 그 거울을 들여다보고 대성통곡을 하였다.

시어머니가 다가와서 왜 우느냐고 물었다.

"어머님 저는 어쩌면 좋겠습니까? 글쎄 그이가 한양엘 가더니 젊은 첩을 한 년 데리고 왔습니다."

그래서 시어머니도 며느리가 쥐고 있는 거울을 들여다보았다.

그러더니, "예끼 못난 놈! 그래 기왕에 첩을 얻어 오려면 젊고 아름다운 계집을 고를 것이지, 다 늙어빠진 늙은이를 데려오다니!" 하고 긴 한숨을 쉬었다.

욕심

돈 많고 권세와 친구도 많은 한 노인이 있었다. 이 세상의 복을 혼자 차지한 것만 같았다. 그런데 그가 백세의 생일을 맞았다.

손님이 줄을 지어 온통 집을 메울 지경이었다. 그러자, 당사자인 노인은 시무룩한 표정으로 말이 없었다.

모두들 이상하게 생각하면서,

"이렇게 좋은 날 무슨 걱정이라도 있습니까?"

노인은,

"다름 아니라, 이제 앞으로 이백 세의 생일날이 오면 그때는 오늘 이 자리에 왔던 사람은 거의 다 저승으로 가고 없을 게 아니오. 그렇게 되면 얼마나 섭섭할까 해서······"

풍자와 해학   유머 보따리

공처가

박가와 김가는 둘 다 공처가였다.
어느날 김가가 박가에게 가서,
"우리 마누라 하는 짓이 점점 고약해져 가는데 큰일이군. 요즘은 나에게 요강 시중까지 들라는거야"하고 하소연을 했다. 그러자 박가가 팔을 걷어 붙이며,
"뭐라구? 거 너무하는군. 나 같으면……"
이때 박가의 마누라가 뒤에서 큰소리로,
"그래, 당신이라면 어쩌겠어요?"하고 고함을 질렀다. 박가는 그만 무릎을 꿇고 "가져다 놓지요!" 했다.

위대한 물건

어느날 동물학자가 풍기단속반의 형사와 함께 공원에 갔다.
문득 으슥한 곳을 쳐다보니 불량배처럼 생긴 한 소년이 여자와 함께 길을 가는 것이 눈에 띄었다.
"저 소년을 체포하시오. 저놈은 여자에게 음란한 짓을 할 것이오. 왜 빨리 체포하지 않는거요?"하고 학자가 외쳤다.
"그렇지만 어떻게 그걸 알 수 있습니까?"
"그것도 몰라요? 저 소년은 음란죄를 범할 수 있는 물건을 앞에 차고 있다는 말이오."

달걀이 이유

두 얼간이가 소금에 절인 달걀을 먹으며 고개를 갸웃거렸다.
한 얼간이가,
"이상한데, 달걀에는 아무것도 묻지 않았는데 짭짤하니 말이야"하고 말하자,
"그건 소금에 절인 닭이 낳은 알이라 그래"
하고 다른 얼간이가 아는 듯이 떠벌였다.

깜찍한 딸

다섯 살짜리 딸아이가 하루는,
"엄마, 엄마는 어쩌면 그렇게 예뻐?"
"어릴 적부터 아빠 엄마 말씀을 잘 듣고 얌전히 굴었기 때문이란다."
"어머, 그럼 아빤 몹시도 말을 안듣고 못되게 굴었던가 보죠. 그런데 아빠도 이젠 예뻐질거야. 어젯밤에 엄마 말을 잘 듣던데."

그 남편과 그 아내

여행에서 돌아온 남편을 맞으며,
"여보, 이제야 마음이 놓이는군요."
"그렇게 기다렸나?"
"아, 글쎄 어제 텔레비전을 고치러 온 사람이 방금 전에 나갔어요."
"그것 참 다행이로군. 나는 사실 당신이 외출을 했을 거라고 무척 걱정을 했었는데. 집에 있었다니 역시 당신은 귀여워"

풍자와 해학   유머 보따리

그래도 좋아

젊은 청년이 자기 애인에게 장난을 치고 싶어 하는 말이 제법 심각했다.

"자기, 내가 말이야 어제 관상책을 봤더니 자기같은 얼굴은 오래 못산다고 써 있던데"

"아니, 그게 무슨 말이야?" 하고 화가난 애인이 앙칼진 음성으로 톡 쏘아부쳤다.

"미인은 박명이라고 써 있었단 말이야"

애인은 금새 얼굴이 붉어지며,

"아이, 난 또 무슨 소리라구. 난 그래도 좋아!"

며느리 때문에

몹시 무더운 삼복이었다.

집안에 혼자 남아서 디딜방아를 찧고 있던 시골 아낙네 하나가 더위를 참다 못해 옷을 하나씩 벗더니 마지막 속옷마저 벗은 후, 행주치마로 앞만 가리고 계속 방아를 찧었다.

이렇게 홀가분한 마음으로 콧노래를 부르고 있는데 누가 문을 흔드는 것이었다. 아낙은 밖에 나갔던 남편이려니 생각을 하고 일하던 그대로 나가서 문을 열었다. 그런데 이 일을 어쩌면 좋으랴!

꿈에도 생각하지 못했던 시아버지가 지게를 지고 엉거주춤 서 있는 게 아닌가!

"에구머니, 아버님."

하고 얼떨결에 자기도 모르게 한 짓이 더욱 가관이었다. 무의식 중에 젖가슴을 가린답시고 행주치마를 걷어 올렸으니……

풍자와 해학   유머 보따리

여기까지는 그래도 괜찮았다. 그런데 땀이 번지르르한 며느리의 알몸을 보고 넘어진 시아버지가 영영 일어날 줄을 모르는 것이었다.

어떤 질문

수업이 거의 끝날 무렵, 선생이 학생들에게 말했다.
"자, 이제 시간이 조금 남았는데, 너희들의 질문을 받도록 하겠다. 질문할 것이 있으면 질문을 하도록"
그러자 짓궂은 학생이 손을 들고 일어나더니,
"선생님, 끝나려면 몇 분이나 남았죠?"

과부의 마음

한 과부가 있었는데 나이 사십이 넘어서 새 서방을 얻었다. 과부는 신방에 들어가기 전에 거울을 들여다보니 주름살이 늘고 흰 머리가 섞이기 시작한 것이 자기가 보기에도 늙어 보여 서글픈 생각이 들었다.
과부는 시들어버린 자기의 모습을 보고 새 서방이 싫어하지나 않을까 염려되어 새벽에 닭이 울면 얼른 신방에서 나오리라 결심을 했다. 그러나, 이윽고 신방에 들어간 과부는 오래간만에 짜릿한 재미를 보느라고 닭이 우는 줄도 몰랐다. 그래서 날을 환히 밝았고 주름진 얼굴을 새 서방에게 들키고 말아, 그날로 쫓겨나는 신세가 되었다.

돈버는 방법

어리석지만 욕심이 많은 사내가 있었다. 그는 항시 힘들이지 않고 큰 돈을 벌 수 있는 방법이 없을까 하고 만나는 사람마다 돈버는 방법을 묻는 것이었다.
 어느날 한 사람이,
 "나에게 돈 백 냥만 주면 좋은 방법을 가르쳐 주겠네"
 이 말을 들은 사내는 급히 돈을 마련해 주고는 그 방법을 가르쳐 달라고 했다. 그러자,
 "그건...... 당신도 누가 돈벌이 방법을 묻거든 그때마다 천 냥씩 받아 내시오. 그렇게 하면 이 돈 백 냥의 밑천을 뽑고도 백 냥쯤은 쉽게 벌 수 있을거요."하고 대답하는 것이었다.

졌 다

 "당신은 내가 죽으면 얼씨구나 좋다고 얼른 다른 여자를 얻겠죠?"
 "아냐, 무슨 그런 소리를 하는거야. 나는 절대로 재혼하지 않을거야. 정말이라구"
 "칫, 거짓말, 정말 내가 죽으면 재혼하지 않을라구, 아마 내일 재혼할 거예요."
 "두고 보라구, 죽어도 재혼은 하지 않을 테니까. 모르고나 결혼하지 당신을 겪어보고도 또 결혼을 해? 차라리 내가 죽지"

 풍자와 해학   유머 보따리

이미 늦었어

어느 시골에 손녀와 늙은 할머니 두 식구가 살고 있었다.

하루는 해가 어둑어둑 하여 저녁을 먹게 되었다. 한참 저녁을 먹다가 여섯 살난 손녀가,

"할머니"하고 부르니 할머니가 하는 말이,

"잠자코 저녁이나 먹어라. 애들은 음식을 먹으면서 떠드는 것이 아냐"하고 꾸짖고는 저녁을 먹었다.

저녁상을 물리고난 할머니가,

"영순아, 할머니에게 할 말이 무어냐?"하고 손녀에게 물었다.

"할머니, 이미 늦었어요. 할머니 국에 파리가 한 마리 들어갔거든요. 벌써 할머니 뱃속으로 들어갔어요."

"……………………."

불행 중 다행

어느 사람이 배를 타고 가다가 다른 배와 부딪혔다. 마침 뱃전에 손을 대고 있다가 손가락 하나를 다쳤다.

집에 돌아와서 그 이야기를 아내에게 했더니, 아내는 깜짝 놀라면서 한다는 말이,

"여보, 그것 참 불행중 다행이에요. 당신이 그때 소변을 보고 있었더라면 나는 평생……."

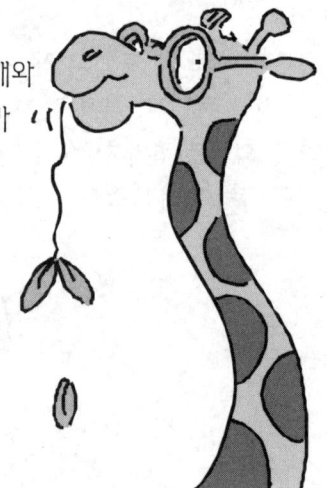

 풍자와 해학　유머 보따리

아내의 마음

남편의 월급날이었다. 눈이 빠지게 기다리던 아내는 몹시 화가 났다. (오늘은 무슨 일이 있어도 한바탕 해야지) 하고 벼르고 있는데 벨소리가 났다.

"아이구 여보, 아직 자지 않고 있었군. 그래. 너무 늦어 미안해."

"잔소리 작작하고 월급봉투나 내놔요!"

남편은 슬며시 월급봉투를 아내에게 내밀었다. 아내는 돈을 세어보고 나서 얼굴을 찌푸리며,

"갈수록 태산이군요. 5만원은 어디다 썼어요?"

"보다시피 이렇게 취했잖아? 내가 언제 당신에게 거짓말 하는 것 봤어? 이게 다 당신을 사랑해서 한 일이라고"

"당신, 지난 달에 뭐라고 하셨어요? 이번 달에는 한 푼도 건드리지 않겠다고 약속하셨잖아요?"

"이번에는 어쩔 수 없었다구, 월급을 탄 길동이 아버지가 외상값을 갚겠다고 하더니, 갑자기 아내 자랑을 하더군. 자기 아내는 마음도 예쁘지만 얼굴도 예쁘다고 말이야, 그래서 서로 아내 자랑을 하다가 당신이 최고의 미인으로 뽑혔지, 그래서 한 잔 샀지 뭐."

"호호호…… 우리 집까지 모시고 오시지 그랬어요."

"아차, 그걸 잊었군. 하하……"

어떤 요구

이발소에서 머리를 깎고, 이발사가 손님의 마음에 들어 하는지를 알려고 거울을 가져와서 뒤통수를 비쳐보았다.

"이만하면 만족하십니까?"

풍자와 해학   유머 보따리

손님은 자세히 뒷모습을 바라보더니 이윽고 거울을 이발사에게 돌려주고 의자에 다시 앉으며,
"조금만 더 길게 해주게!" 하더란다.

통조림 깡통

어떤 청년이 이마에 상처를 입고 병원을 찾아갔다.
의사가 바늘로 꿰매며,
"이거 큰일날 뻔 했습니다. 어쩌다 이렇게 다쳤죠?"
"선반에서 굴러 떨어진 귤에 다쳤소"
"귤이라고요! 그렇다면 그 귤에는 뿔이라도 달려 있던가요?"
"뿔보다 더한 통조림 깡통이었습니다. 이제야 알 것 같소?"

어떤 여자

남편이 회사에서 돌아와 보니, 오늘도 역시 저녁이 준비되어 있지 않았다. 본때를 좀 보여주기 위하여 훌쩍 나가려니까,
"어머나, 어딜 나가세요?"
"저녁 먹으러"
"그럼 5분만 기다려 주세요. 여보"
"5분 기다리면 저녁이 된다는거야 뭐야?"
"그게 아니죠, 나도 같이 나가서 외식을 하자는 말이죠."

어머니가 무서워

강간 혐의로 기소된 깡마른 청년이 재판정에 불려나왔다.

풍자와 해학 유머 보따리

원고인 처녀는 보기에도 건장한 여자였다.

판사는 처녀에게 주소, 성명, 나이를 물은 다음에,

"사실을 거짓없이 진술할 것을 선서하십시오. 그러면 묻겠는데, 당신은 이 피고에게서 폭행을 당했다는 말이지요?"

"네, 판사님"

"그때의 사정을 자세히 진술하십시오. 그러나 지나치게 추잡한 대목은 생략해도 무방하오."

"네, 재판장님. 이 청년이 집 뒤에서 저를 불러 새웠습니다. 그리고 저를 나무에다 밀어 붙였습니다. 저는 싫다고 반항을 했지만 그가 훨씬 기운이 세어서……"

"선 채로 당신의 팬티를 벗겼단 말인가요?"

"그게 아닙니다. 재판장님. 그것을 아래로 내린 것은 저 자신입니다. 어머니가 원채 잔소리가 심해서 팬티를 더럽혔다가는 큰일나거든요."

큰일날 도둑

문이 활짝 열려 있는 집이 있어 도둑은 잘됐구나 여기고 집안으로 들어가 훔칠 것을 물색하고 있었다. 그러나 아무리 찾아도 값 나가는 물건이라고는 아무것도 없었다. 재수 없다고 생각하며 단념을 하고 되돌아나가려는데, 그때까지 자고있던 주인이 인기척에 눈을 뜨고 도둑이 들어왔다 나가는 것을 똑똑히 보았다. 그래서,

"여보, 도둑님. 미안하지만 나가실 때 문이 나 좀 꼭 닫아주시오."

이렇게 한마디 하고는 도로 눈을 스르르 감았다.

모처럼 큰 마음을 먹고 들어왔다가 허탕을 친 도둑은 그렇지 않아도 화가 나는데 도둑이라고 불리운 데다가 심부름까지 부탁받게 되자 못마땅한 생각이 불현듯 들었다.

"아니 여보시오. 나를 도둑이라고 부르고 싶거든 제발 훔쳐갈 만한 물건이나 장만해 두고 그런 소릴 하시오. 아무것도 없는 주제에 남 심부름 시킬 줄은 또 어떻게 아시오?"하고 나서면서 뒷발로 문을 툭 밀어붙이더란다.

먼저 본 사람이 임자

마당을 쓸던 하인이 주인이 피우다 버린 담배공초를 주워 호주머니에 넣었다. 그것을 본 주인이 궁상맞다 생각하고,
"여보게, 자네 방금 뭘 주웠지?"
"나리께서 먼저 보셨군요. 그럼 나리께서 가지세요."
하인은 호주머니에서 담배공초를 꺼내어 내밀었다.

충 고

"자네의 강연에 대해서 한 가지 충고를 하겠네. 강연이 끝나거든 부디 정중하게 인사를 하게. 이것은 연사로서의 예절이야. 그리고 나서 물러날 때는 발 끝으로 살살 걸어나오란 말일세"
"왜, 발 끝으로 걸어야 하나?"
"잠자는 청중을 깨우지 않도록 하려니까 그렇지."

오 해

교회의 한 신부가 자기 교회의 신도 결혼식에 축하하는 전보를 치게 되었다. 그 신부는 어떤 내용으로 축전을 칠까하고 곰곰이 생각하다가 성서의 한 귀절을 치기로 하였다.
그는 축전에,

풍자와 해학   유머 보따리

148

「요한 1서 4장 18절」이라고 축전을 보냈다. 그런데 이게 웬일인가. 우체국에서 빠뜨렸는지 또는 신부가 잘못 보낸 것인지 축전에는,

「요한 4장 18절」이라고 적혀서 배달이 되었다.

신부는 결혼식을 끝마치고 피로연도 모두 끝냈다. 그래서 축전을 뒤적이다가 신부에게서 온 축전을 보았다. 신부는 신랑을 불러서 성경을 꺼내놓고 찾아보았다. 그런데 이게 어찌된 일인가?

"네가 이전에 남편이 다섯이 있었으니 지금있는 남편은 너의 남편이 아니니라"라고 적혀 있었다.

신부는 그만 울음을 터뜨리고 흐느껴 울기 시작했다.

신랑은 아내를 의심했고 드디어 험악한 사태가 벌어졌다. 이혼을 하느니 속았느니 하고 야단들이 났다. 사실 축전의 본의는 요한 1서 4장 18절. 즉,

"사랑안에 두려움이 없고 온건한 사랑이 두려움을 내쫓느니라"하는 뜻이었던 것이었다.

당신은 바보

새 살림을 차린 젊은 청년이 말년을 생각하며 저금을 하기로 결심했다. 그래서 퇴근길에 버스를 타지 않고 버스 뒤를 따라 허덕거리며 집으로 돌아왔다.
"여보, 오늘은 내가 버스 뒤를 쫓아와서 500원을 절약했소"
그러자 아내가 대답했다.
"당신은 바보예요. 왜 택시 뒤를 쫓아서 천원을 벌지 못했어요?"

엉큼한 신부

젊은 나이의 처녀가 성당의 사제에게 참회를 하고 있었다.
"신부님, 저는 죄를 범했습니다. 전 어느 젊은 남자에게 안겼어요."
"오오, 그래? 그 다음에는 어떻게 됐죠"
"저는 기분이 매우 좋은 것 같았어요. 그리고 그 남자는 긴 걸상에 저와 함께 나란히 앉았습니다."
사제는 매우 흥미롭다는 듯,
"그래서?"
"그이는 저를 껴안고 제 입술에다 자기 입술을 대었습니다."
"그 다음엔 무슨 일이 있었지?"
이때, 그 처녀의 어머니가 안으로 들어왔다. 사제는 불쑥 이렇게 말하는 것이었다.
"다 틀렸군!"

풍자와 해학   유머 보따리

미끼

결혼문제는 뒤로 미루고, 직업여성으로서 자립해 보겠다는 젊은 여자에게 선배가 충고를 했다.
"좋은 신랑감을 고르기란 어려운 법이야. 세월을 놓치고 있다가는 나중에 울게 될 걸"
젊은 여성은 코웃음을 치면서,
"물 속에서는 고기가 우글우글 헤엄치고 있는데 무슨 걱정이에요?" 하고 말하자, 선배는 곧 그 말을 받아서 말했다.
"하지만 너의 미끼도 거침없이 시들어간다는 걸 잊어선 안돼"

똑똑한 하녀

한 선비가 대낮에 부인과 함께 한창 그 일을 하는 판인데 하녀가 문 밖에서 물었다.
"마님, 저녁 쌀은 얼마나 씻을까요?"
"닷 되, 닷"하고 부인은 급한 김에 다급히 말하였다.
이윽고 일을 마친 다음에 부인이 나가보니 하녀는 쌀을 한 말이나 씻어 밥을 지어놓았다.
"아니, 웬 밥을 이렇게 많이 지어놓았니?"
"마님께서 닷 되 닷 되 하시기에 닷 되씩 두번 퍼다부었을 뿐인데요."

무서운 처녀

남자가 여자에게 말했다.
"아가씨 저는 아가씨를 죽도록 사랑합니다. 저하고 결혼해주지 않겠

풍자와 해학 유머 보따리

습니까?"

"미안하게 됐군요. 올 봄은 이미 약혼이 끝났으니까 내년 봄에 구혼해 주시지요." 하고 처녀가 부탁하더란다.

서로의 조건

처녀가 총각에게 말했다.
"좋아요. 결혼하겠어요."
"그렇다면 나는 솔직하게 물어 볼 말이 있어요. 우리들의 결혼 계획은 당신이 나의 질문에 대답을 한 뒤에라야 결정적이 됩니다. 당신은 요리를 훌륭히 할 자신이 있습니까?"
총각이 이렇게 묻자, 처녀는 의외의 자연스런 말투로,
"그건 문제의 앞뒤가 바뀌었다고 생각하는데요. 나도 한가지 질문을 하겠어요. 당신은 내가 훌륭한 요리를 만드는데 필요한 것을 충분히 대어주실 수가 있나요?"
이 말에 옹졸한 청년은 대답할 말이 없었다.

호출장

옛날에 어떤 사람이,

"뱃속이 편치 않아 큰일났다."하고 소리를 지르자, 옆에 앉아 있던 친구가 하는 말이,

"걱정할 것 없네. 그것도 뱃속에 여러 가지 잡균이 있어서 그런 것이니 개를 그려서 먹으면 그 개가 더러운 균을 다 잡아먹을 것이 아닌가?"하고 가르쳐주자,

"그러면 그 개는 어떻게 나오지?"

"그건 쉽지, 이번에는 호랑이를 그려서 먹으면 개가 질겁을 해서 뛰어나오게 되지"

"그럼 호랑이는 어떻게 하나"

"포수를 그려서 먹으면 호랑이가 뛰어나오지"

"그러면 포수는 어떻게 되나?"

"포수는 밀엽을 자주하니까 포졸들을 그려 먹으면 도망쳐 나오지"

"포졸들은?"

"그것은 호출장을 그려서 먹으면 빨리 나올거야"

"호출장은?"

"그거야 변으로 나오겠지 뭐!"

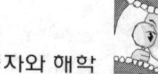

풍자와 해학　　　유머 보따리

불고기

A "불고기 먹으러 가세."
B "이것은 생선 아닌가?"
A "생선도 불에 구우면 불고기 아닌가?"

갈수록 태산

저 아가씨는 못 생긴 것 같지만 자세히 보니 더욱 못 생겼단 말이야……

베개가 세 개

A "열대지방에서는 덥고 땀이 많이 나니까 베개가 두 개 라는데"
B "두 개면 어떻게 베고 자는가?"
A "하나는 머리를 베고 자고, 하나는 양무릎 사이에 끼고 자서 공기 유통을 잘 시킨데.."
B "노총각은 하나 더하여 세 개는 있어야겠군."

보리밥의 우수성

어느 주부의 학설에 의하면 종래의 학설에다 더 첨부하여, 색깔이 거무스레하고 씹으면 단단해서 남성다운 박력감이 있다는 것이 발표되었다.

풍자와 해학   유머 보따리

부부 싸움은 없다

접착제 판매원, 접착제 상점, 접착제 공장 사람들, 엿장사, 찹쌀떡 장사들에게는 부부 싸움이 없다.

인간의 가치

이별을 해보면 그 값어치를 계산할 수 있을 것이다.

글자 한 자 차이

큰일 "날" 놈을 낳지 말고 큰일 "할" 놈을 낳자. 조금만 조종을 잘하면 되는 것이 아닌가? 글자 한 자 틀리는 정도인데…….

최고급 보약

과일로 먹으면 과일, 약으로 먹으면 약, 보약으로 먹으면 보약이지.
"꿀＋밤＋잣＋찹쌀＋은행" 이와 같은 재료는 읽기만 해도 보약이 됩니다. 이것을 섞어서 푹~ 쪄가지고 냄새만 맡아도 시시한 드링크제보다 좋습니다.
"은행까지 먹으니 몇 십억원(은행에 돈이 많으니까), 몇 백억원 먹은 셈인 최고 보약입니다."

썩히는 작용

골치를 썩히면 두통 신경통이 되고, 잡초를 썩히면 좋은 퇴비가 된다.

풍자와 해학   유머 보따리

속을 썩히면 위장이 나빠진다. 위장이 나쁘면 폐가 나빠지고, 폐가 나쁘면 신장(콩팥)이 나빠지고, 그 다음은 간이 나빠지고, 그 다음은 심장이 나빠진다.

하고 싶은 일

우리도 바겐세일 한번 해보았으면 어떨까 했습니다.
(장의사 협회)

수학적 상식

수학적 상식이 많은 국민학생이 글짓기를 다음과 같이 썼습니다.
"물이 88 끓고 있습니다."
"순경이 11이 물건을 검사하고 있습니다."
"그 맛이 33하다."
"55 하나님이시여 나를 9원하소서."
"너는 77치 못해서 중학교에도 못 간다."
"99! 99! 99!" 닭 먹이 주는 소리, 닭 부르는 소리.
"2 하세요."

풍자와 해학   유머 보따리

앞뒤가 안 맞는다

공동변소 안.
"낙서를 하지 맙시다."
"낙서는 문화인의 수치"
"낙서를 삼가하라. 낙서금지 궐기대회에 모여라."
(낙서회 회원 일동)

물 속의 엽전 찾기

이조 말엽에 청백리 선비가 하나 있었으니 김감리란 사람이었다.
서린동 모교다리를 밤에 지나가다가 엽전 한 냥을 물 속에 떨어뜨렸다. 한 냥을 사용해 횃불을 만들어 찾았다. 컴컴한 밤이라 못 찾았다.
지나가는 사람과 따라가든 머슴들이 깔깔 웃으면서 한 냥 찾기 위해 한 냥을 쓰니 손해보는 일이라고 비웃었다.
또 한 냥을 들여 횃불을 만들어 오게 하고 찾았으나, 또 못찾아 세번째 한 냥을 써 가면서 결국 한 냥을 찾고 말았다.
한 냥을 세 냥으로 찾은 셈이 되었다. 말하기를 "우리나라의 재물 한 냥을 찾았도다. 나라의 재물이 손해 볼 뻔 했었군."하고 기뻐하더라고.

찌꺼기

백화점 가전제품 코너에 손님이 서성거리고 있었다. 한 개 남은 냉장고를 보며 손님이 왔다 갔다 하다가 그냥 가버린다.
점원 "그냥 가세요. 하나 들여가시죠."
손님 "하나 밖에 안 남은 찌꺼기인데 어디 마음에 들어야죠."

풍자와 해학   유머 보따리

꼬마의 의문점

오늘 아침도 다른 날과 같이 이를 닦고 세수하고 아침을 먹었다.

치약을 짤 때, 아버지가 너 치약 짜는 것을 보니 세무서 공무원이 되면 잘 하겠다 하시었다. 꼬마는 치약과 세무공무원과는 무슨 관계인가 선생님에게 물어보기로 했다.

낙엽의 계절

마지막 잎새가 달랑달랑 흔들거리고 있다. 청소부가 빗자루로 떨구어 쓸어버렸다.

낙엽 "나를 안락사 시키는구나?"

취급하는 방법

처녀는 브라자를 방에서 은근히 말리고, 아줌마는 밖에다 널어 말리고, 할머니는 늙은게 이것은 해서 무엇하느냐? 하며 던져 버린다.

더 답답한 사람

노처녀의 여동생은 더 답답하고 애가 타고 있습니다.

눈과 코

"눈 코 뜰 새 없이 바쁩니다."
"무슨 사업을 하시는데요."

"하루종일 낮잠만 자고 있는 것입니다. 눈, 코 뜰 새 없어요."

한 벌과 재벌

"나는 양복이 한 벌뿐이지만, 한 벌만 더 해 입으면 재벌(두벌=財벌)이 되는 것이다. 여봐라! 큰소리 칠 때가 있다."

청소부

"나는 명동을 휩쓰는 사람입니다."
"그러면 깡패입니까?"
"청소과 직원입니다."

대포집 사정

"선생님 대포집을 영업하고 있습니다. 영업이 잘되게 하는 묘한 방법은 없을까요?"

"네~ 있습니다. 빨간 신호등을 문앞에 달아놓으세요. 우선 자동차 운전사와 지나가는 사람이 일단정지 했다가 한잔씩 마시고 떠날 것입니다."

천당과 땅 위

교회 목사가 위독한 병에 걸려 있었다. 같은 신자들은 면회를 사절하고 있었다. 다만 무신론자이고, 기독교를 안 믿는 사람은 면회를 승낙하였다.

손님 "왜? 모두 면회사절인데, 나만 면회를 승낙하였는지……"
환자 "신자들은 천당에서 다시 만날 수 있으나, 자네는 천당까지 올 기회가 없으니, 땅위에서 나마 마지막 석별의 정을 나누고자 하는 것이네……"

나는 고민이 없습니다

내가 먹을 것은 이집, 저집, 이 식당, 저 식당에 있습니다.
내가 자는 곳은 천정이 하늘입니다.
내가 목욕하는 날은 소나기 오는 날입니다.
내가 세탁하는 날은 해가 쨍쨍한 날입니다.
내가 입을 옷은 높은 집, 얕은 집에서 나오는 구제물자입니다.
나는 고민이 없습니다.

대 사업가

여기 달걀이 하나 있다. 달걀이 닭이 된다. 닭이 알을 15개 품었다가 병아리를 깐다. 15마리는 15알씩 품어 병아리를 까면 225마리의 병아리가 된다. 이렇게 해서 5년만 계속 하면 수억대의 재벌이 된다. 물론 낭비하거나 적자요인을 만들어서는 실패한다.

풍자와 해학 유머 보따리

왕진료

선생님 "너는 성적이 나빠! 아버지 좀 오시라고 해"
의사의 아들 "우리 아버지 한번 불러 오시는데 왕진료 5천원씩인데요."

만년 과장

아내 "당신은 왜 만년 과장이유"
남편 "국장, 상무, 사장이 만년 그 자리를 지키고 안 내놓잖아"
아내 "아휴 답답해"
남편 "그리고 나 밖에 믿을 사람이 없데, 딴 사람은 못 맡기겠다는데.."
아내 "그래요."

요 령

어떤 사람이 레슬링 구경을 하고 싶은데 돈이 없었다. 궁리 끝에 뒤로 돌아가 울타리를 비집고 강아지처럼 기어 들어가는데 안에서 지키던 사나이가,
"야! 야! 그런 곳으로 들어오면 안돼!"하고 덜미를 잡아 내쫓는다. 한참 생각한 후 이번에는 엉덩이부터 들이밀었더니,
"어이, 그런데로 나가면 못써"하고는 끌어 들였다.

말하는 고양이

아름답고 젊은 아내를 가진 어부가 있었다. 그런데 그 마을에 사는 젊은 놈과 이 어부의 아내가 어쩌다가 눈이 맞았다.

어부가 없는 사이에 여자가,

"우리 집 그 병신이 바다에 나가는 날 밤에 오세요. 꼭, 응? 약속하지? 올때는 고양이 소리를 내서 신호를 하면 돼요. 잘못하면 그 병신이 안 나가는 날 올지도 모르니까요."하고 사내에게 말했다.

어느날 밤이었다. 문 밖에서 문득 고양이 소리가 들려왔다. 이날 어부는 바다에 나가지 않고 있었다.

당황한 아내는 일부러 큰 목소리로,

"오늘 저녁에는 아무것도 줄 게 없다 괭이야, 내일 저녁에 많이 줄 테니까 그만 돌아가라!"

여자의 말에 젊은 놈은 얼떨결에,

"그럼 내일 올께"하고 말해버렸다. 그러자 어부는,

"야, 저건 두 발 달린 말하는 고양이 아냐?"

들 통

창수는 고집이 워낙 세서 부모들도 당해내지 못했다.

오늘도 발버둥치면서 우는데, 식모가 아무리 달래도 도무지 듣질 않는다. 견디다 못한 어머니가 식모에게 물었다.

"왜 그러니, 얘야?"

"말씀드리지 못하겠어요, 마님, 이것만은……"

"뭔데 그래 어디 좀 말해봐!"

"그럼 말씀드리죠. 창수가 글쎄 저더러 엉덩이를 보여 달라는군요."

"뭐, 엉덩이를? 망측도 해라!"

어머니는 갖은 말로 창수를 달랬지만, 영 들어먹질 않았다.

"할 수 없구나. 얘야, 이제 겨우 여섯 살로 아무것도 모를테니 잠시만 보여주렴"

식모는 할 수 없이 치마를 걷어올리더니 엉덩이를 드러내보였다. 그래도 창수는 여전히 보채기만 했다.

"그게 아니야, 그게 아니라구, 저쪽 말이야. 어젯밤에 아빠에게 보여주었던 쪽 말이야."

묘 책

어느 부인이 이웃집 여자에게 물어보았다.

"댁은 밤 늦게 놀러다니는 주인양반 일찍 귀가시킨다고 하는데 무슨 묘책이라도 있나요?"

"아주 간단해요. 나는 남편이 밤늦게 돌아왔을 땐 억지로 졸린 듯한 목소리로, 아! 당신이군요. 남편이 아직 안들어왔으니 다행이에요. 라고 말한답니다."

풍자와 해학   유머 보따리

다른 점

"코끼리와 벼룩이 어디가 다른지 말해 볼 사람?"
선생이 그렇게 묻자 벌떡 일어선 아이가 이렇게 대답했다.
"코끼리에는 몇 마리의 벼룩이 있지만 벼룩에겐 몇 마리의 코끼리가 있기가 어렵습니다."

아래와 위의 차이

신부가 명수를 길에서 붙잡고서,
"명수군, 그처럼 일렀는데도 또 술집에서 나오는군. 어떻게 해야 그 버릇을 고치지."
"하지만 저는 아직 취하지 않았어요. 친구들과 맥주를 조금 했을 뿐인 걸요. 그저 그것 뿐이에요."
"이건 위스키가 약간 들었는데…… 삼분의 이는 친구의 것입니다."
"좋아, 그렇다면 자네 몫인 삼분의 일은 지금 여기서 개천에 쏟아버리게. 어서 쏟게"
"그런데 그렇게는 안되죠. 제 몫은 밑에 있으니까요."

난장이의 질문

난장이가 키다리를 만났다.
"여보시오, 내가 궁금한 게 있는데 한가지 물어봐도 좋겠소?"
"내가 아는 거라면 가르쳐줄 수도 있겠지요."
"대관절 하늘이 얼마나 높소?"
"이 사람아, 그걸 내가 어떻게 안단 말이오."

풍자와 해학   유머 보따리

"아니 당신은 키가 커서 나보다 하늘에 더 가깝지 않소? 무슨 일이든지 가까운 사람에게 물어보라는 옛말대로 물어본거요."

입심좋은 사돈 영감

사돈 영감이 딸의 집에 다니러와서 묵고 있었다. 계속되는 장마로 인하여 사돈 영감은 딸의 집에서 계속 묵고 있었다.

어느날 지루한 장마가 잠깐 멎고 가랑비가 부슬부슬 내리기 시작했다. 딸의 시아버지가 사돈을 쫓을 생각으로,

"사돈 영감, 억수같이 쏟아지던 장마비가 사돈 영감을 가시라고 이렇게 멎었나 보오. 그래서 가랑비로 변했나 보죠?" 하고 넌지시 사돈 영감의 속셈을 떠보려고 하니 사돈 영감의 대답이 걸작이었다.

"나를 가라고 멎은 것이 아니고 더 좀 있으라고 이슬비가 내리는 것이라오."

권 유

영화관의 컴컴한 객석, 단정한 옷차림을 한 어느 노부인 앞에 젊은 남녀가 앉아 있었다.

광수가 애인을 데리고 영화구경 온 모양이다. 그런데 이 두 사람은 영화구경은 제쳐놓고 사뭇 사랑에만 도취되어 남의 눈은 아랑곳 하지 않고 해괴한 짓만 하고 있었다.

광수의 손이 스커트 밑으로 들어가자, 이를보다 못한 노부인이 광수의 어깨를 두드리며,

"이봐요, 좀 얌전히들 하지 못하겠어요. 그런 짓은 이런 곳에서 하는 게 아니에요. 그 아가씨를 어디 여관이라도 데리고 가요."

광수가 뒤돌아보며 말했다.

"그렇죠. 그러기에 제가 여관에 가자고 해도 이 애가 영 듣질 않는군요. 미안하지만 부인께서도 그렇게 좀 권해주시겠어요?"

비밀이 탄로난 중

어느 고을에 덕망이 높아 신도들에게 아주 존경을 받는 승려 한 분이 있었다. 그 승려는 신도들에게 설교를 할라치면 언제나 자기만이 석가모니의 가르침을 제일 올바르게 배운 것처럼 술, 고기, 여자를 절대로 가까이 하지 않는다고 설교를 하였다.

이 중이 어느날 설교를 하려고 마을로 내려왔다. 이때 신자중의 한 사람이 승려의 도포자락 속에 병꼭지가 살짝 나와 있는 것을 보고,

"스님, 도포 속에 있는 병이 무엇입니까?"하고 넌지시 묻자,

"아, 이것 말인가? 술병이라네"하고 천연덕스럽게 대답하는 것이었다.

신도가 또,

"아니, 스님께서는 술을 잡수십니까?"

"아, 그런게 아니라 고기가 있어서 그것을 좀 쥐워야 하겠기에 술을 좀 샀네그려, 이를테면 약술이라고 하는 것이지."하고 좀 난처한 듯이 대답했다. 그러나 신도는 또 고기가 있다는 말에,

"고기도 잡수시는군요."

"아니오, 어제 저녁에 먼 곳에 계신 장인이 보내온거요."

"아니, 그럼 스님께서도 장인이 계시다는 말인가요?"

한 술 더 떠

수도원의 수녀선생은 얼굴이 너무 못생겼다. 아니, 안 생겼다.
선생이 거울을 보고,
"어쩌면 이다지도 못생겼을까?"하고 저도 모르게 눈물을 떨어뜨렸다.
그것을 본 어린 여학생도 울음을 터뜨렸다.
선생은 놀라서,
"어머, 숙자야, 너는 왜 울지?"
"선생님은 선생님 얼굴을 잠깐 거울로 보시고서도 울 지경인데, 저는 날마다 아침부터 저녁까지 선생님의 얼굴을 보고 있어야 하니까요."

까 닭

한 불효자가 있었는데 그는 걸핏하면 자기 아버지를 때리는 것이었다. 그러나 아버지는 손자를 잠시도 떼어놓지 않고 길렀다.
이웃사람이,
"아드님은 불효자인데, 손자를 사랑하다니 무슨 까닭이라도 있습니까?"하고 물었다.
"그것은 이놈이 커서, 내 대신 원수를 갚아줄까 해서라오."

풍자와 해학   유머 보따리

가장 즐기는 것

어느 절의 주지 스님. 여러 제자들이 둘러 앉은 가운데 숨을 거두려는 순간이었다. 제자중의 하나가,
"마지막 가시는 길이니 그동안 가장 즐기던 것이나 드려보자."하고 술과 술잔을 머리맡에 놓으며,
"자 이걸 보십쇼. 평소에 좋아하시던 게 여기 있습니다."
그러자 주지 스님은 눈을 번쩍 뜨면서,
"계집이냐?"하더란다.

웃겨

어느 부인이 사업상 파리에 간 남편이 그곳에서 아름다운 처녀들과 한껏 인생을 즐기고 있다는 소문을 듣고 곧 전보를 쳤다.
"곧 돌아오세요. 가정에서 무료로 할 수 있는데, 왜 낭비를 하시죠?"
곧 파리에 있는 남편으로부터 회신이 도착했다.
"가정용은 좋지 않아서……"

발이 하나인 오리

서양에서 중국으로 온 선교사가, 선물받은 오리를 볶으라고 요리사한테 분부하였다.
"나리, 오래 기다리셨지요?"
"아니, 이게 어떻게 된거야. 오리 다리가 하나 밖에 없으니?"
"네, 이 나라의 오리는 다리가 하나뿐입니다."
"그런 바보같은 말이 어디 있나!"

풍자와 해학   유머 보따리

"거짓말 같거든 뒤뜰로 가보시지요, 나리"
"좋아, 어디 가 보자"
마침 오리들이 전부 한쪽 다리를 들고 한 다리로 졸고 있던 참이었다.
"어때요, 나리 제 말이 맞지요?"
"하하하…… 그것 참 희한한 일이로구나."
선교사가 별안간 큰소리로 웃자, 그 소리에 놀라 깬 오리들이 일제히 한쪽 다리를 땅에 내려놓았다.

불신풍조

아버지와 아들이 목욕탕에 함께 들어갔다.
"얘야, 어서 욕탕 안으로 들어와라." 하고 아버지가 말하자,
아들이 말하기를,
"물이 뜨겁지 않나요?" 하고 물어보았다.
"뜨겁지 않다." 아버지가 말하자 아들이 욕탕으로 발을 밀어 넣다가 도로 나왔다.
그러면서 하는 말이,
"제기랄, 세상에 믿을 놈 하나도 없네."

완벽한 증거

창수는 아내의 변한 모습에 아내가 바람이 난 것은 짐작했지만, 확실한 증거가 없기 때문에 인정하지 못하고 있었다.
친구인 성태에게 이 걱정을 털어놓았더니, 그는 허물없이 도와주겠다고 하였다.
"자네 부인을 감시하면 되는거지? 내일은 하루종일 부인 뒤를 밟아서,

풍자와 해학   유머 보따리

일어난 일들을 죄다 자네에게 알려주겠네."

창수는 성태의 우정에 깊이 탄복하였다.

다음날 밤 성태는 카페에서 창수를 만나 자세히 보고했다.

"자네 부인은 두시반에 집을 나오더니 택시를 잡아타고 명동에 있는 다방에 가더군. 거기서 얼굴이 가무스름한 청년을 만나더군. 사내가 계산을 하고 둘은 그곳을 나와 택시로 영동까지 갔지, 택시 안에서 키스하는 것을 내가 목격했네."

"저…… 저럴수가!"

"둘은 그 사나이의 아파트 앞에서 차를 세우고, 칠 층까지 올라가서 방으로 들어갔어. 열쇠 구멍으로 들여다보니까, 방안은 무대 비슷하게 꾸며져 있고 안쪽에 소파가 있더군. 사나이가 덧문을 닫고 전등을 켜더니 맥주를 마시기 시작했어. 그 동안에도 자네 부인에게 키스를 하고, 껴안고, 만지고 야단이더군. 그러다가 자네 부인이 갑자기 옷을 벗어 버리니까, 사나이도 그대로 하더군. 둘 다 알몸풍이가 된 다음에 자네 부인이 소파 위에 발랑 자빠지자 사나이가 전등을 껐어."

"그…… 그 다음에"

"그 다음은 잘 모르겠어. 어두워서"

"아아……"하고 창수는 침통한 목소리로 부르짖었다.

"할 수 없어. 확실한 증거가 없으니"

소매치기의 소매치기

소매치기 서너명이 둘러앉아, 오늘 소매치기해 온 물건들을 나눠가지고 있었는데, 그 중에서 가장 두둑한 돈지갑이 보이질 않았다.

"이거 수상한데, 우리 중에 손버릇 나쁜 놈은 없을텐데…"

풍자와 해학　　유머 보따리

남편 비둘기

두 마리의 비둘기가 서로 사랑하고 있었다.
어느날 한 마리의 비둘기가 짧은 여행을 떠났다. 혼자 남은 비둘기는 밤이 되었는데도 남편 비둘기가 돌아오지 않아서 매우 걱정이 되었다. 남편 비둘기는 날 샐 무렵에야 돌아왔다. 그래서 아내 비둘기는 푸념을 늘어 놓았다.
그러자 남편 비둘기가 한다는 말이,
"미안, 미안. 너무나 좋은 달밤이어서 걸어서 오느라고 늦었어."

만두장사

"만두 사세요, 고기만두!"하고 만두장사가 지나가는데 그 목소리가 어찌나 기운없어 보이는지 지나던 행인이 물었다.
"여보게, 도대체 그 목소리가 죽어가는 목소리 같은데 웬일인가?"
"배가 고파서 그렇습니다."
"그렇다면 그 통 속의 만두라도 먹으면 될게 아닌가?"
"제기랄, 쉬어터진 걸 어떻게 먹습니까?"

평등한 벌칙

영자는 신부님에게 고백을 했다.
"신부님, 저는 남편을 속였습니다."
"으음, 그건 나쁜 짓이지. 그래 몇 번이나 속였지?"
"열 번이에요."
"열 번, 그거 안되겠는데, 그럼 그 벌로써 집에 가서 천주경을 여섯 번

읽어요."

영자가 돌아간 뒤에 이번에는 순자가 고백하러 왔다. 그런데 이 여자도 남편을 속였다는 것이었다.

"남편을 속이는 건 나쁜 일이야. 대체 몇번이나 속였지?"

"여덟 번이에요."

"여덟 번이라…… (아까 여자는 열번에 천주경을 여섯번 시켰지) 여덟번이라면 몇 번으로 해야 할까……"

머리가 복잡해진 신부님은,

"하필이면 계산하기 복잡하게 여덟 번을 속였지? 어쨌든 천주경을 여섯 번 외우고 나중에 남편을 두 번만 더 속여요."

싫지 않아서

젊은 아낙네가 원님께 아뢰었다.

"저…… 우물가에서 허리를 구부리고 물을 푸고 있으려니까 어떤 몹쓸 녀석이 뒤에서 고약한 짓을 하지 않겠어요?"

그러자 원님이,

"얼른 돌아섰으면 괜찮을 게 아닌가. 너는 왜 그러지 않았는고?"

"하지만 사또, 모처럼 하던 일을 그만두면 어쩌겠어요?"

강도잡는 방법

한 사람이 밤이 으슥한데도 집으로 돌아가기 위해 컴컴한 숲을 지나가게 되었는데, 갑자기 강도가 나타나서 권총을 들이댔다. 그 사람은 하는 수 없이 돈지갑을 내주고나서 애원했다.

"여보시오. 강도양반! 실은 이 돈은 우리 회사 돈인데, 이대로 돌아가

풍자와 해학　　유머 보따리

면 아마 거리에서 술을 먹느라고 이 돈을 다 써버렸다고 생각할 거요. 그래서 하는 말인데, 미안하지만 내 외투를 권총으로 쏘아 줄 수 없겠소. 총알 구멍이 나 있으면, 강도를 만난것이 확실해지니까"

그렇게 말하고서, 그는 외투를 벗어 강도에게 주었다. 멍청한 강도는 쉬운 일이라는 듯이, 잇달아 두서너 방 쏘아댔다.

"한 방 더요"

"아냐, 이젠 총알이 없어"

그 말을 듣자, 신사는 강도를 지팡이로 때려 눕혔다. 그리고는 지갑을 도로 뺏고 의기양양하게 돌아갔다.

발로 열어야 하는 이유

"여어, 경수!"

"어, 상준! 오래간만일세 그려. 요즘 어떤가?"

"괜찮은 편이야. 마음 먹은대로는 잘 되지 않지만, 돈이 좀 생겼기에 시골에다 조그마한 별장을 마련했지"

"으음, 별장을. 거 괜찮군!"

"강릉에 적당한 별장이 있기에 하나 사버렸지. 한가할 때 저녁이나 먹으러 오게"

"고맙네. 강릉이 좋긴 좋지"

"그럼, 이번 일요일은 어떤가? 괜찮겠지? 강릉 역에서 내려 역전 거리를 곧장 가로질러 오다가 두번째 골목을 왼편으로 돌아서 백 미터쯤 가면 금방 찾을 수 있네. 그 집앞에 사립문이 있으니까, 그걸 발로 밀고 들어오게나"

"뭐? 발이라고. 나는 손으로 열 수 있는데"

"아냐, 양손은 선물꾸러미로 가득할 터이니까."

교환원

어떤 사람이 전화를 걸려는데, 몇 번 걸어도 자꾸 잘못 걸렸다. 화가 머리끝까지 치민 신사는 교환원에게 호통을 쳤다.
"여, 교환원! 전화국은 손님을 놀리는 곳이냐?"하고 따지자,
"그 점에 대해서는 지금 전화국을 대드릴테니까 그리로 문의하시죠."

문어

두 사람이 바닷가에 조개를 주우러 나갔다가 커다란 문어를 한 마리 잡게 되었다.
"이거 근사하구나. 술 안주를 만들어 먹음세. 데쳐서 초간장에 찍어 먹으면 맛있을거야."
"아냐, 조려 먹는 게 최고야!"
어쩌구 하면서 주무르는 통에 화가 난 문어가 다리를 내뻗으며,
"에이 귀찮아! 제비를 뽑아라!"

성급한 사람

성미 급한 사람이 성미 느린 사람에게 말하길,
"이것 참 좋은 신이군요. 얼마에 사셨나요?"
"네, 이것 말씀입니까? 오천 원 주고 샀습니다."
"뭐요! 오천 원?"
성미 급한 사람이 느닷없이 옆에 있던 자기 동생에게,
"이놈, 나를 속였구나. 전번에 너에게 사오라고 한 것도 이 신과 똑같은 것이었다. 그런데 어째서 너는 갑절인 만원을 줬다고 했지? 이 거짓말

풍자와 해학   유머 보따리

장이야!"하고 사정없이 때렸다.

그러자, 성미 느린 사람이 그것을 바라보면서 한 쪽 발을 내밀더니,
"아, 잠깐만 기다리시오. 이쪽 것도 오천원을 줬답니다."

15kg의 양

광섭이는 3개월간 병원생활을 했다. 퇴원할 때 체중을 달아보니 놀랍게도 15킬로나 줄어들었다.

그래서 그는 정육점으로 가서 살코기로만 15키로그램 주문하였다. 정육점 주인은 여기저기서 살을 발라서 겨우 주문받은 중량의 고기를 마련하여 종이에 싸려고 하자, 광섭이는 황급히 그것을 만류하였다.

"아니, 그럴 필요는 없어요. 꽤 많군요. 나는 얼마나 줄었는지 좀 보고 싶었을 뿐이니까요."

이게 웃을 일이야

가난뱅이의 집에 도둑이 들어와서 변변한 걸 찾았지만 아무것도 없었다. 주인은 지푸라기를 넣은 종이 이불을 둘러쓰고 자는 체 했다.
도둑은,
"지독하게도 가난하군. 이렇게 가난한 집은 이 세상엔 없을거야."하고 투덜댔다. 주인이 참다못해 웃자, 도둑이 하는 말이,
"아니, 이게 웃을 일이오?"

부 탁

시골에서 사는 늙은 부부가 처음으로 서울 구경을 왔다가 서로를 잃어버리고 말았다. 부인을 잃은 영감은 마침 순경이 눈에 띄어 그쪽으로 갔다.
"여보, 내가 한가지 부탁 좀 드립시다."
"무슨 부탁인데요, 영감님?"
"내가 조금 전에 마누랄 잃어 버렸는데 혹시 여기를 지나가들랑 이곳에서 기다리라고 전해주시구료."
"하지만 영감님의 부인을 제가 어떻게 알 수 있습니까?"
"아 참, 하긴 그렇군. 그럼 기다릴 필요없다구 전해주시오."

장 담

딸을 시집보내게 되어 장롱이며 세간살이를 맞추었다.
튼튼하게 잘 만들어 달라는 말을 하자,
"염려 마쇼. 내가 만들면 서너번 시집을 가더라도 문제 없습니다."

풍자와 해학   유머 보따리

주인과 도둑

아내가 작은 목소리로,
"여보, 부엌에 도둑이 든 모양이에요."하고 남편을 흔들어 깨웠다. 남편은 즉각 뛰어나와 도둑을 붙잡았다.

도둑놈도 질세라 주인과 엎치락뒤치락 하며 싸움을 하는데 주인편이 세었던지 마침내 도둑놈을 무릎 아래에 깔고 앉아 숨을 몰아쉬면서,
"여보, 물 좀 줘"하니까 도둑놈도 밑에서 고개를 쳐들고는 한다는 소리가,
"이왕이면 나도 한 사발"하더란다.

명 언

멋진 옷을 입은 사치한 여자가 길가에 있는 거지를 보고,
"불쌍하기도 하지! 그래 당신은 무슨 이유로 이렇게 거지가 되셨나요?"하고 거지에게 물으니,
"물어 주시니 대단히 고맙습니다. 사실은 내 아내가 부인처럼 사치를 좋아하기 때문에 그만 이렇게……."
"?"

풍자와 해학 유머 보따리

공 짜

남자가 지나가는데 아가씨가 붙들고 늘어졌다.
"아저씨! 방도 깨끗해요, 테크닉도 좋아요. 요즘은 불경기니까 반값으로 해드리겠어요. 안심하고 놀다 가세요."
남자는 귀찮았다.
"당신이 아무리 그래봐야 우리 마누라만은 못해!"
"뭐에요? 아저씨부인이 뭘 어떻게 해드리게요?"
"얼마든지 공짜란 말야"

사는 이유

건강에 자신이 있는 사람이 의사를 찾아갔다.
"선생님! 이만큼 튼튼한 위장이면 백살은 살겠지요?"
"글쎄요, 술을 하시나요?"
"한 모금도 못합니다."
"담배는 얼마나?"
"일체 하지 않습니다."
"여자는 좋아하시나요?"
"근처에도 가지 않습니다."
"그럼 취미라도?"
"아무런 취미도 없어요."
"그게 정말입니까?"
"그렇습니다."
"그럼 백 년씩이나 살 필요가 없잖아요"

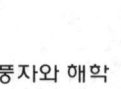

풍자와 해학   유머 보따리

작가의 고집

극작가인 X와 Y는 각자 작품을 써서 마침내 공연을 하게 되었다.
X의 작품이 막이 올랐다. 그런데 관객의 일부가 극을 보지 않고 잠만 자고 있었다.
Y가 말했다.
"이봐, X씨! 당신의 작품은 수면제로군."
다음날 Y의 작품이 막이 올랐다. 그날도 관객의 일부가 졸고 있었다. X가 보라는 듯이 말했다.
"이봐! Y씨! 당신의 작품 역시 수면제가 아닌가?"
Y가 졸고 있는 사람을 돌아다보더니 태연하게 말했다.
"저 친구는 어제부터 계속 자고 있었네."

여배우 지망생

배우를 뽑는 면접 시험장이었다.
한 지망생이 많은 심사원 앞에서 질문에 응하고 있었다.
학교생활, 가정환경, 교우관계, 배우 지망의 동기와 이유, 존경하는 국내외의 배우, 자신있는 역할 등등…… 수 많은 질문에 명쾌하게 대답하여 심사위원들의 호감을 사고 있었다. 그런데 한 심사위원이 불쑥 질문을 했다.
"당신은 성행위의 장면에 대해 어떻게 생각하십니까?"
질문에 지망생은 당황했다. 질문한 심사위원을 보니까 중년의 근엄한 신사였다. 신경과민이나 지나친 생각인지는 모르지만 근래 논란이 되고 있는 프리섹스에 대한 관점도 이 속에 포함된다고 짐작해 버렸던 것이다.

만일 "좋게 생각해요"라고 대답하면 추하고 불순한 여자라고 할 지도 모른다. 그렇다고 "좋지 않게 생각해요"라고 대답하면 대담한 연기에는 적격이 아니라고 불합격이 될지도 모른다.

그야말로 진퇴양난이었다. 한참을 생각하던 지망생은 무슨 생각이 났는지 고개를 번쩍 들면서,

"저는 처녀랍니다."

쵸코 우유

백인 아이가 엄마 젖을 물고 가다가 흑인 아이가 젖을 빠는 모습을 보게 되었다. 이에 백인 아이가 한다는 말이,

"엄마, 나도 쵸코 우유 주세요." 하더란다.

지혜로운 아이

"할아버지네 소가 우리 밭의 곡식을 뜯어 먹었습니다."

"소의 입김은 거름이 된단다."

"아, 제가 잘못 말했습니다. 그런게 아니라 우리 소가 할아버지네 밭의 곡식을 뜯어 먹었어요."

마찬가지 신세

어떤 청년이 전에 자기와 연애를 하다 실연 당한 일이 있는 여인이 고양이를 껴 안고 가는 것을 보고,

"나도 차라리 고양이나 될 것을"

"이 고양이는 지금 버리려 가는 길인데요."

"뭐"

공기의 빛깔

학교에서 돌아온 아들이 아버지에게 물었다.
"아버지, 공기에도 빛깔이 있나요?"
"아무렴, 있구말구, 공기는 낮에는 하얗고 밤에는 까만 색이 된단다. 이젠 알겠니?"

생각의 차이

낭비가 심한 아내에게 남편이,
"여보 당신은 재활용을 할 줄도 모르오?"
"어머, 당신은 어쩌면 그렇게도 모르세요. 내가 재활용을 할 줄 모른다면 당신하고 결혼을 했을라고요."

건강과 나이

노인이 병원에 가서 의사에게,
"의사 선생님, 오른쪽 다리가 어찌나 아픈지 견딜 수가 없습니다."
"허허, 그건 나이가 드셔서 그렇습니다."
"그게 무슨 말이에요? 왼쪽 다리도 오른쪽 다리와 똑같은 해에 생겼는데"

풍자와 해학 유머 보따리

제 정신으로 안되겠기에

두 사람이 교회의 목사에게 결혼하고 싶다고 했다. 그런데 남자는 술에 취해 있었다. 신부가 여자에게 말했다.
"저 남자분을 데리고 가세요. 술이 깨거든 다시 한번 데리고 오세요."
"부탁이에요, 신부님. 제 정신으로 돌아오면 도저히……."

신 랑

처녀들이 모여서 이야기를 늘어놓고 있었다.
"못 생긴 색시는 잘 생긴 신랑을 얻고, 잘 생긴 색시는 못 생긴 신랑을 얻게 마련인가 봐"
그 자리에 다른 처녀가 끼어들며 하는 말이
"난 꼭 병신같은 신랑을 얻게 될거야."

달관한 자

동네 유지들을 데리고 절을 안내하던 중이 험한 길목에서 말했다.
"죄가 있는 사람은 불벌을 받아서 이 길을 가지 못합니다. 가슴에 찔리는 일이 있거든 저에게 모두 고백하시면 무사할 테니 어서 차례로 말씀해 주십시오."
그래서 한 사람 한 사람씩 자기의 죄를 고백했는데 마지막에 한 사람이 나서더니, "나는 별로 죄라고는 지은 일이 없지만, 꼭 한번 암소를 범한 일이 마음에 걸리는군요."
중과 동행인들이 하도 어처구니가 없어서,
"원, 저런 끔찍한 일을 보았나! 그런데 암소 맛은 어떻습니까?"

"그저 암캐와 똑같더군요."

두 여자

두 명의 젊고 아름다운 여자가 해변에서 수다를 떨고 있었다.
한 아가씨가 말하기를,
"난 말이지, 돈 많은 사람이 결혼하자고 하면 기꺼이 승락할거야?"
이에 다른 아가씨가 응수하기를,
"나는 안 그래. 부자는 너무 걱정거리가 많잖니, 얘. 나는 말이야 돈 많은 척 사는 사람이 더 좋아. 그런 사람이 더 너그럽거든"

천국을 아는 이유

전도를 위한 집회에서 목사가 천국을 매우 아름답고 그럴 듯하게 묘사하고 있었다. 청중 가운데에서 한 소년이 물었다.
"그런데 실제로는 한번도 가 보시지도 않고 천국이 어떤지 어떻게 아시는거죠?"
"그야 쉽습니다. 하늘나라가 싫다고 되돌아 온 사람은 지금까지 한 사람도 없었으니까요"
하고 대답했다.

재치있는 학장

어느 날 자정이 지나서 기숙사로 돌아오게 된 학생이 있었다.
담을 뛰어 넘자니 아무래도 위험할 것 같아서 대신 학장실로 통해 있는 길을 택하기로 했다. 학장실에 들어가 살금살금 서재를 지나는데 발

풍자와 해학　　유머 보따리

소리가 들려, 학생은 황급히 책상 아래에 숨었다.
 학장이 서재로 들어오는 것이었다. 서재에 들어온 학장은 서너 시간이나 계속 책을 읽었다. 책을 다 읽은 학장은 일어서서 나가며 학생 쪽을 향해 소리쳤다.
 "거기 있는 학생! 나갈 때는 불 좀 꺼주게"

잊을 수 없는 밤

 결혼한 남녀가 신혼여행을 왔다.
 예약된 호텔방에 들어오기가 무섭게 신부는 이 한밤을 위해 만든 실크가운으로 갈아입고 침대 위에 앉아 사랑의 따뜻한 손길을 기다리고 있었다.
 그런데 무엇이 잘못 되었는지 신랑은 매우 심각한 표정으로 팔장을 낀 채 방안을 왔다 갔다 거닐기만 하는 것이었다. 신부는 더욱 선정적인 요염한 자태를 짓고 침대 위에 비스듬히 누워서 신랑을 유혹했다. 하지만 신랑은 냉혈동물인지, 아니면 결혼을 후회하는 것인지 더욱 심각한 표정만 짓고 있을 뿐이었다.
 시간은 흘러 새벽이 되었다. 신부는 기다리다 지쳐 화가 머리 끝까지 치밀었다.
 "자기! 고단하지 않아요? 그만 옷벗고 자지 않고 뭘하시는 거에요?"
 "응, 내 걱정하지 말고 어서 당신 먼저 자요."하면서 신랑이 진지하게 말했다.
 "어머니도 그러셨고, 친구들도 그랬는데 말이야! 첫날 밤은 평생을 잊을 수 없다고……. 도대체 무슨 일이 생기길래 잊을 수 없는지 지금 그걸 기다리는 중이야. 그러니 잠들면 우리는 첫날 밤을 금방 잊고 말 것 아냐?"

아무리 봐도

"너 미자가 새로 산 옷을 봤어?"
"아니, 어떻든?"
"글쎄, 몸 전체를 아무리 훑어봐도 꼭 미자같더라, 얘"

아내의 불만

어느 사람이 차에서 내려 엔진덮개를 열고 차 속을 들여다 보고 있었고, 그의 아내는 아무 말 없이 시무룩해서 남편을 지켜보고 있었다. 이윽고 그 아내가 쩔쩔매고 있는 남편에게 가시 돋힌 목소리로,
"저번에 내가 기침을 할 때에는 본 척도 하지 않더니 차가 기침을 좀 하니까 걱정이 태산이구료"

절망하지 말자

어느 학교에서 시험을 치르는데 옆에 앉은 학생 하나가 자기 손등에 무슨 글을 써 놓고 자꾸 들여다보고 있었다.

나중에 그 친구에게 도움이 되었느냐고 물었더니 그 친구. 시큰둥한 표정으로 손을 내밀어 보였다.

손등엔 이렇게 쓰여 있었다.

"절망하지 말자. 10주 후에 재시험이 있으니까"

재치로 하는 장사

길거리에서 귤을 파는 청과물 행상 두 사람이 있었다.

두 리어카의 귤은 굵기나 질이 서로 비슷했지만 한쪽이 다른쪽보다 값을 비싸게 매겨 놓고 있었다.

그러자니 두말 할 것도 없이 한쪽은 파리만 날렸고 그 옆 친구는 금방 팔아치웠다.

어느 날 저녁 파장무렵 두 행상은 팔다 남은 귤을 한 군데에 몰아놓고 함께 껄껄 웃으며 그 자리를 떠나는 걸 본 사람이 있었다.

결국 그들은 동업자였으며 그 같은 꾀를 내어 사는 사람도 즐겁게 하고 장사도 재미를 보았던 것이었다.

순간의 실수

어떤 부인이 세무사인 자기 남편에게 왜 일주일에 사흘씩이나 밤늦도록 여비서와 일을 하는지 따졌다.

"이봐요!" 하고 남편이 설명하게 되었다.

풍자와 해학 유머 보따리

"요즘이 한창 바쁜 때잖아. 그리고 분명히 말하겠는데, 그 여자와의 관계는 순전히 금전적인 거라구"

양조장에서의 사건

철수는 마을 양조장에서 일하는 대주가였었는데, 어느 날 거대한 맥주통을 젓다가 통 속으로 빠지고 말았다.

연락을 받고 달려온 그의 아내는 남편이 빠져 죽은 줄 알고 슬픔에 잠겼다. 얼마 후 마음을 가라앉히고 난 그 부인은 양조장 직원을 보고 자기 남편이 그래도 괴로워 하지 않고 바로 죽었을 테니 다행한 일이라고 했다.

그랬더니 그 직원 한다는 소리가,

"뭐 그런 것 같지도 않던데요. 그 친구 화장실에 가려고 두 번이나 기어 나오던 걸요."

미모와 가격

서울에서 사는 중년 부부가 처음으로 부산에 내려와 호텔에 묵고 있었다. 남편이 호텔 밖에서 아내를 기다리고 있는데 밤거리의 여인이 다가와서 10만원만 내면 하룻밤을 같이 지내겠다고 했다.

그러나 그 남자가 한다는 말이,

"내 평생 여자에게 만원이상 쥐 본 적이 없다." 하고 퉁명스럽게 거절하자 그 여인은 가버렸다.

얼마 후 그 남자가 아내와 함께 술집에 들어가니까 조금 전의 그 여인이 서 있었다.

그 밤여인은 그 사람의 부인을 한번 훑어보더니 코웃음을 치며,

"보시라구요, 만원짜리니까 그 따위로 생겼죠."

풍자와 해학   유머 보따리

동정받는 사람

풍풍하게 살찐 중년의 남자가 터덜터덜 걷고 있는 걸 보고, 불쌍히 생각한 어느 여자가 자기가 타고 가던 차를 세워 태워주려고 했다. 그런데 그의 등에 붙어 있는 종이가 눈에 띄었다.

거기엔 이렇게 적혀 있었다.

"체중을 줄이기 위해 의사의 권고로 걷고 있는 중! 차에 태워 주겠다고 말 걸지 마시오. 내 마음이 흔들릴지 모르니까"

별난 손님

이발소에서 차례를 기다리고 있는데 손님 한 분이 이발을 마치고 일어선 것을 보니 뺨에 빨간 상처가 나 있었다. 그 손님은 문을 열고 나가려고 하다가 다시 돌아와서 자기를 면도해 준 이발사 바로 옆에 있는 다른 이발사에게 팁을 주며,

"이건 오늘 나를 면도해 주지 않아서 고맙다는 뜻이오." 라고 말했다.

미국인의 자랑

미국에서 온 관광객이 연기를 내뿜는 베수비오 화산을 바라보고 있었다. 그러자 안내하는 이탈리아인이 뽐내며,

"아무리 미국이라도 저런 것은 볼 수 없지요?" 했다.

그러자 미국인의 대답이,

"그러나 나이아가라 폭포를 갖다 대면 저 따위 불은 5분 안에 꺼 버릴 수 있을거요."

풍자와 해학　유머 보따리

부부의 대화

부부가 거실에 앉아 있었다. 아내는 뜨개질을 하고 남편은 신문을 보며 담배를 피우고 있었다.
남편이 말하길,
"남자가 담배를 피우듯 여자에겐 뜨개질이야" 했다.
그러자 아내가 뾰로통한 표정으로 대답했다.
"흥 그럴지도 모르죠. 그러나 뜨개질의 경우엔 잘못 다룬다해도 카페트에 구멍이 뚫리진 않아요."

카사노바

토요일 오후. 점잖게 생긴 신사가 젊은아가씨를 데리고 명동의 으리으리한 털옷 가게에 들어왔다. 점원이 정중하게 맞이했다.
신사는 여기저기에 걸린 옷들을 들어보더니 아가씨를 보고 말했다.
"자, 미스 정이 무엇이든지 마음에 드는 옷을 골라봐요."
그리고는 점원에게 말했다.
"이봐요, 이 가게에는 품위있고 질이 좋은 밍크코트는 없나요?"
"예, 있습니다. 아가씨 이쪽으로 오십시오."
아가씨는 점원의 도움을 받아 밍크코트를 하나 골랐다. 그 표정이 무척 행복해 보였다.
신사가 점원에게 가격이 얼마냐고 묻자,
"예, 좀 비쌉니다. 1백 50만원입니다."
"그래? 좋아요." 하더니 주머니에서 수표책을 꺼내 사인을 해 주면서,
"다음 월요일에 은행에 가서 이 수표를 찾은 다음에 이 밍크코트를 아가씨 아파트까지 배달해 주시오."

풍자와 해학   유머 보따리

점원은 허리를 굽히며 감사하다는 인사를 했다. 아가씨가 신사의 팔에 매달려 깡총깡총 뛰면서 나갔다.
월요일. 그 수표는 보기좋게 부도가 났다.
점원은 물건을 주지 않았기 때문에 손해는 없었지만 서운하고 씁쓸했다. 그런데 그 신사가 나타났다.
"그 수표는 부도였죠?" 점원은 신사에게 화를 냈다.
"손님! 농담하지 마십시오. 사람을 골려도 유분수지!"
"아, 아, 미안하게 됐습니다. 그렇지만 나는 당신의 협조로 이번 주말을 멋지게 보냈습니다."

어쩔 수 없는 남편

어느 중년부인이 의사를 찾아왔다.
"우리 그이는 건강하게 보이지만 부부생활은 너무 저조해요. 한달에 한두 번 정도인데요. 그것도 다음날에는 반드시 머리가 아프다, 기분이 나쁘다고 투정이에요. 어떻게 좋은 방법이 없겠습니까?"
"흔히 중년에 나타나는 현상입니다. 너무 걱정 마시고 좋은 음식을 해 드려서 원기를 낫게 하시면 좋습니다."
그날 밤 부인은 의사가 얘기한대로 좋은 음식을 상다리가 휘어지게 차려놓고 남편을 기다렸다. 남편은 의외의 진수성찬에 배가 터지도록 포식을 하고 잠자리에 들었다.
아내는 저렇게 먹었으면 무엇인가 반응이 있겠지 하고 잠이 들었다. 그런데 얼마나 잤을까 남편이 부인을 흔들어 깨웠다. 부인은 기다렸다는 듯이 남편의 품으로 파고 들었다.
"이봐, 불 좀 켜지?"
"당신도 참 불 안켜면 안되나요. 나는 어두워야 더 좋아요."

풍자와 해학   유머 보따리

"그래, 당신 휴지 좀 있어?"
"휴지는 염려 마세요. 어련히 준비했을라구요."
하니까 남편이 급한듯 이 일어나 앉으며 소리를 지른다.
"무슨 소리를 하고 있는거야. 나는 지금 배가 아파서 화장실에 가야겠단 말이야."

나도 할 말이 있다

처녀가 아이를 낳았다. 우물가에 모여앉은 동네 아낙들이 입방아를 찧는 것은 너무도 당연하였다.
"아이의 아비는 누구래?"
"끔찍도 해라. 처녀가 그게 무어람!"
"남몰래 없애든지, 아니면 물에나 빠져 죽을 것이지!"
"아이 애비하고 함께 도망이나 가지 그래!"
지껄이는데 정신이 팔린 아낙들은 아이를 난 처녀가 가까이 오는 것도 몰랐다.
"별꼴 다 보겠네. 자기들은 1년이 멀다하고 하나씩 낳으면서"

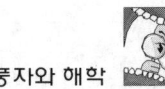 풍자와 해학   유머 보따리

말참견에는 도사

말참견하기를 좋아하는 어린 계집애가 있었다. 그런데 그 말참견하는 정도가 너무 지나쳤다.

어른들의 말 도중에 툭툭 튀어나오는 것이었다. 도저히 어른끼리는 말도 못할 지경이었다. 그래서 하루는 그 아버지가 그러면 못쓴다고 크게 꾸짖으며 죽지 않을만큼 때려주었다.

계집애는 방의 한 구석에서 엉엉 울었다. 이젠 다시 말참견을 하지 않겠지, 생각한 아버지는 동네 사람들과 이야기를 했다.

"내가 한가지 묻겠소. 봄에 무슨 나무가 제일 먼저 잎이 나는지 아십니까?"

그러자 엉엉 울고 있던 계집애가 울음섞인 목소리로,

"구름 나무가 제일 먼저 피지요. 엉엉엉"

영리한 거지

신사가 지나가는 것을 본 거지가 뒤를 따라가서,

"저, 신사 아저씨. 지갑을 떨어뜨리지 않으셨나요?" 라고 물었다.

"아니, 내 지갑은 여기 있어"

"그러시다면 한푼만 적선하십시오."

한 잔 술

"당신은 의지력이 없는 게 결점이예요."

"있지……. 왜……. 없어……."

"있긴 뭐가 있어요."

풍자와 해학   유머 보따리

"있지. 왜? 없어……. 왜……"
"좋아요 그럼 대답해 봐요, 술집에 가서 딱~ 한 잔만 하고 끝낼 자신이 있어요?"
"아! 화장실에 좀 가야 겠다."

중 량

우체국에서 편지를 부치는데…….
직원이 "중량이 무거우니 우표를 더 부치세요."
시골손님 "무거운데 더 부치면 더 무거워지지 않소."

분실물

공원에서,
산책하던 사람 "돈 만원 한장을 공원 안에서 잃어버렸는데…… 혹시 모르시는지……"
공원경비원 "이것을 읽어 보세요." 하고 게시판을 가르키고 가버렸다.
게시판에는 이렇게 쓰여 있었다.
"공원 안에서는 휴지를 버리지 마시오."

당신 말도 옳소

손녀 "나 양장하나 해 입어야 되겠어요."
할아버지 "그래 그래 해야지"
어머니 "아직 일러요. 좀 더 있다 해 입어라."
할아버지 "암 그래야지……"

할머니 "저말도 옳고, 이 말도 옳으면 어떤 것이 옳지 않은 것이에요."
할아버지 "당신 말도 옳소."
(너그러운 할아버지의 가정화목 대화술)

완 치

농장주인이 몇달 농장을 떠나 여행을 하게 되었다. 그 동안 착실한 머슴에게 모든 일을 맡기고 떠나기로 했다.
몇달만에 농장에 돌아 왔다.
머슴 "여행은 즐겁게 지내셨습니까? 그 동안 달걀도 많이 낳고 야채도 잘 되고 곡식도 무르익고 만사 잘 되고 있습니다. 그리고 따님에게 주기적으로 한 달에 한 번씩 있는 그 이상한 것도 아주 완치시키고 없애버렸습니다."

브라운 색

술집에서 브라운색의 눈까풀을 가진 여자는 믿을 수 없다는 이야기를 들었다. 이 이야기를 들은 사나이 집으로 뛰어가서 침대 위에서 자고 있는 아내의 눈까풀을 까뒤집어 보았다.
"역시 브라운이군." 하고 말하자. 침대 밑에서 엉금엉금 브라운이라는 사나이가 기어나왔다.
"내 이름을 어떻게 알았어."

백화점 과자부

과자부 점원이 5, 6명이나 있는데, 손님들이 A점원에게만 몰려들어

풍자와 해학　　유머 보따리

줄지어 과자를 사는 것이었다.
　주인이 그 까닭을 물으니
　"딴 점원은 듬뿍담아 덜어내고 팔지만 나는 조금 담았다가 덤으로 더 주는 기분으로 담아 주니까요."

건저 준 사람

　점쟁이가 길을 가다가 다리를 건너게 되었다. 좁은 다리를 건너다가 실족하여 물에 빠졌다. 우연히도 지나가는 사람이 있어서 손을 잡아 건저주게 되었다.
　지나가는 사람 "오늘 같은 날 점괘를 쳐보시고 나오시지 않고……"
　물에 빠진 사람 "건저 줄 사람이 있다는 점괘가 나왔거든."

이발관

　남자 "보들보들한 손길이 내 얼굴을 쓰다듬고 있습니다. 내 얼굴을 면도하고 맛사지하고 있습니다. 나는 눈을 떠 보았습니다. 그것은 여자의 손이 아니라, 남자 이발사의 손이었습니다.
　나는 실망했습니다."

풍자와 해학 유머 보따리

임종할 때

욕심 많은 노인이 임종이 가까와 죽음의 순간이 다가왔다.

아들, 딸, 며느리, 마누라가 임종을 지켜보며 둘러 앉아 있다.

"모두 이렇게 모여 있으면 어떡하니…… 어서 가서 은행에 맡긴 내 돈을 찾아 오너라. 어서 가서 찾아와……. 그리고 약값은 외상으로 사오너라……. 또 디스카우트(할인)해서 약값을 정해라……."

엄처 시하(侍下)

공처가 세 사람이 아내를 휘어 잡는 이야기를 하고 있었다.

A "여편네를 꽐고 살려면 이렇게 저렇게 하면 된다."

B "여편네를 휘어 잡으려면 월급봉투를 ××하면 된다."

C "여편네를 꽉 잡으려면 월급날 ××하면 된다." 등등……

이야기에 꽃이 피고 있을 때 부인 세 사람이 나타나 이를 듣고 있었다. 세 사람 대 세 사람의 남녀 대결의 눈총이 빛나자, A는 도망가고 B는 나자빠지고 C는 화장실로 숨어버렸다.

불끄기 작전

"오! 영숙씨! 영숙씨는 나의 태양입니다. 나의 가슴은 불같이 타오르고 있습니다. 나의 심정을 알아주시기 바랍니다."

여자 "나의 가슴은 냉냉합니다. 찬 바람이 불고 얼음이 가득차 있습니다. 관심이 없습니다. 냉정한 냉가슴입니다."

남자 "참으로 잘 되었습니다. 그 냉냉한 찬바람나는 그 가슴으로 나의 뜨거운 가슴을 냉각시켜 주시기 바랍니다. 참……잘 되었습니다."

욕심 꾸러기

형이 아우에게 말한다. 벼농사를 거두어 들이면서 형이 아우에게,
"올 벼농사는 위 것은 내가 갖고 밑의 것은 네가 가져라" 했다.
아우는 "볏단만 가지라는 것이요."라 하자
형이 "그 대신 내년에는 위를 갖고 아래는 내가 갖겠다."
다음해 농사철이 돌아왔다.
아우 "모낼 때가 다 되었어요. 준비하셔야죠?"
형 "올해는 감자와 고구마를 심기로 했다."
아우 "하나님 맙소사……"

잣이요 갓이요

시장에서 건달패가 잣 파는 사람보고 "이것이 뭐요" 하고 물었다.
"그건 잣이오(자시오=먹으라는 뜻)하니 건달들이 깨물어 먹기 시작했다. 한참 먹고 나더니 머리에 쓴 갓을 가르키면서 "이것은 무엇이요" 하고 물으니 잣장사는
갓이오(가시오=가보라는 뜻)하고 대답하니 건달들은 그 자리를 떠나고 말았다. 먹은 잣값도 안내고…….

소(牛)타고 가는 사람

지나가는 사람 "여보시오, 길 좀 물읍시다."
소 탄 사람 "………………."
지나가는 사람 "여보 말 좀 물읍시다."
소 탄 사람 "…… …… ……."

풍자와 해학  유머 보따리

지나가는 사람 "저 사람 말 못할(못탈) 사람이군."
소 탄 사람 "그래서 소를 타고 갑니다."

노출 시대

왕모기, 작은 모기들이 모여서 회의를 하고 있다. 왕모기가 늙어서 돌아가시게 되면 작은 모기들은 장차 누구를 의지하고 살겠느냐고 걱정이다. 왕모기는 말했다.

"너희들 걱정은 없다. 옛날에는 여자들이 치마 저고리로 몸을 가려서 먹이를 얻기 어려웠지만 요즘은 팔, 다리 등이 노출되어 먹이는 얼마든지 있다. 걱정 말아……"하고 유언하는 것이었다.

허송 세월

어머니 "너희들은 쉬지말고, 허송세월을 말아라. 놀고만 있으면 허송세월하는 것이다."
아이들 "네, 잘 알았어요. 지금 입이 놀고 있어요. 껌이나 씹게 사다주세요. 과자라도 넣어 주세요."

동등한 실력

A "너 요새 공부 좀 하니"
B "그럼 하고 말고, 대학교수가 읽고 있는 것을 보고 있거든…"
A "무어, 네가 그 정도 실력이 있었어"
B "교수가 읽는 신문, 전화번호책을 나도 읽고 있지……"

풍자와 해학　　유머 보따리

측 량

야채시장에서 한 남자가 모자를 배추에다 씌웠다.
주인 "왜? 모자를 배추에다 씌우시요"
손님 "내 머리통만한 배추를 사오라고 했거든……"

눈물의 인생

남편 "당신은 눈물도 인정도 없는 사람이야! 다정하게 살아야지 여자
　　　는 여자답게……"
부인 "나는 슬픈 소설만 봐도 눈물이 나고 슬픈 영화만 봐도 눈물이
　　　나요."
남편 "겨우 그 정도야? 나는 아픔만 해도 눈물이 나는데"

친구지간

A와 B는 친구지간이었다. A는 구두 수선공이고 B는 리어카 운반이었
다. 공교롭게도 A, B의 딸과 아들은 연애중이고 백년가약을 맹세하는 사
이었다.
A의 딸 "우리 아버지는 피혁회사 사장이야."
B의 아들 "우리 아버지는 운수회사 사장인데" 하고 각자 자기 아버지
직업을 과대 선전하고 있었다.
약혼식 날. A, B는 약혼 식장에서 만났다.
A "자네 왠 일인가?"
B " 자네는…"
A "자네가 운수회사 사장인가?"

B "아! 자네는 그럼 피혁회사 사장인가?"

피장 파장

신랑 "어머니가 만들어 준 맛있는 고기 만두가 먹고 싶은데……."
신부 "아버지가 잘 해주시는 양장옷을 새로 해 입었으면 해요……."

장님의 특권

순경 "여기서 소변 보면 벌금 이천원이요. 경범죄 처벌에 해당하오."
장님 "당신이 순경이오? 무엇으로 증명하시요."

불난 자리

불난자리에서 사람들이 황급하게 뛰어 오고 있었다.
"어디서 불났습니까?"
"불에 다 타버리고 어딘지 모르겠습니다."
"그러면 몇번지 몇동 몇반에서 불이 났습니까?"
"모두 타 버리고 없어졌습니다."

감사의 표시

남편 "여보! ××부장관이 나에게 감사하다고 담화발표를 했구려……."
부인 "뭐요, 그게 정말이요?"
남편 "신문을 보구려… 지하철을 항상 이용하시는 여러 시민께 감사

풍자와 해학　　유머 보따리

를 표시하겠습니다하고 그 기사가 나와 있소."

각자 희망

칠공주의 가정이 있었다. 각자의 희망을 물어 보았다.
어머니 "너희들은 장차 희망하는 상대자를 어떻게 선택하겠니"
첫째 "나는 소고기장사하는 신랑에게 가겠어요."
둘째 "나는 양장점 경영하는 신랑에게 가겠어요."
셋째 "나는 화장품회사원 신랑에게 가겠어요."
넷째 "초코렛회사 직원 신랑에게……"
다섯째 "금, 은, 보석상하는 신랑에게……"
여섯째 "가축병원 원장에게……"
일곱째 "모두 가버리면 난 갈 곳이 없어요. 응……"
하고 울고 말았다.

풍자와 해학 유머 보따리

지각생

선생님 "너는 왜 매일 지각하느냐?"
학생 "매일 지각하는 것은 규칙적인 생활을 매일하기 때문입니다."

부부 싸움

남편 "이혼 합시다."
부인 "그래요"
남편 "아이 하나는 누가 갖어요."
부인 "아이 하나는 누가 길러요."
남편 "교대로 길을 수도 없구…… 하나씩 나 놓아 갖게 하나 더 날때까지 더 삽시다."
부인 "좋은 생각이에요. 그렇게 합시다."

구치소

간수 "166번 넌 왜 면회오는 친구 하나없니……"
죄수 "전부 구치소 안에 먼저 와 있습니다."
간수 "전부 행동통일하는 친구들이군."

남편 생각

부인 "어느 바보같은 남자가 벽장에서 떡을 꺼내먹다가 떨어져 다쳤데요."
남편 "우리하고 무슨 관련이나 있나?"

부인 "나는 또 당신이 그렇게 하다가 그렇게 다치면 어쩌나하고 걱정
       이 돼서……"
남편 "내가 뭐 얼마나 꺼내 먹는다고……"

한 우물을 파라

선생님 "우물을 팔 때 한 우물을 파라는 속담이 있다."
학생 "우물을 두 개 팔 때는 어떻게 합니까?"

세 자매

큰 딸이 시집 갈 때 첫날밤에 옷을 안 벗는다고 쫓겨났다.
둘째딸이 시집 갈 때는 첫날밤에 미리미리 옷을 벗고 신방에 들어갔다가 언니처럼 쫓겨났다.
셋째딸이 이러한 결점을 알고 시집갈 때 신방 밖에서 신랑보고 옷을 벗고 들어갈까요? 옷을 입고 들어 갈까요? 하고 물어 보았다.
신랑은 "네 마음대로 해라"하고 신부를 쫓아내고 말았다.

이상한 물건

세자매가 말씨름을 하고 있었다. 남자에게는 이상한 물건이 있다고 다투고 있었다.
"있기는 있는데 뼈가 없는 부분이 있어"
"뼈가 있는지 없는지 모르는 부분이 있어"
"아냐 다 틀렸어. 뼈가 있어도 큰 것이 있어"

고통을 참는 여자

"여자는 고통을 잘 참아요."
"어떤 형태의 고통인가요?"
"구두 볼이 작아도 참고, 뒤축이 높아도 참고, 청바지가 작아도 잘 참아요."

사실의 현상

어느 두 남자의 대화.
"선(배=般)은 선(般)인데 하늘로 날아가는 선(般)도 있단 말이야."
"선(배=般)이 물에서나 가지 하늘에서 어찌 가겠소."
"다시 말하면 배는 배인데 하늘로 날으는 배가 있단 말이야."
"농담은 그만 합시다."
"풍선(風船)이라고 날아다니는 것 보았지 않았나?"

안전지대

브레이크 고장난 트럭이 고속으로 정면에서 나에게 폭주해 옵니다. 위험합니다. 나는 충돌 직전에 뛰어올랐습니다. 아슬아슬하게도 그 트럭은 내 발 밑을 전 속력으로 지나갔습니다.

나는 그때 비로소 육교는 안전지대라는 것을 경험했습니다. 그때 나는 육교로 뛰어 올라갔으니까요.

오 해

홀아비가 길을 가다가 마주 친 여자를 보니 눈으로 윙크를 하고 미소 짓고 있었다. 나에게 호감을 갖고 있구나하고 다음날 또 마주치기를 기대했다.

다음날도 한쪽 눈으로 잉크하고 미소짓는 것이었다. 그러나, 가까이 가서 보니 한쪽 눈은 안질로 인하여 깜박거리고 입은 신경마비증에 걸려서 조금 삐뚜러져 있었다.

시간은 돈이다

"나는 시간이 돈이라는 것을 절실히 느꼈지……. 어떻게 느꼈느냐고. 연애중에 데이트 자금 들어가는 것을 보고 절실히 느꼈지…… 연애, 약혼 다음에 결혼 그 동안은 전부 시간과 돈이 함께 간단말이야."

오해하는 고모

어머니 "아들아! 운동화가 비싸서 고무신을 먼저 사왔다."
고모 "내 신은 왜 사왔어요. 애들이나 사다 주지."
아들 "고모의 고무신이야? 아님 내 고무신이야?"

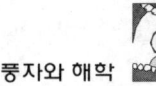

풍자와 해학   유머 보따리

전철 기관차

전철이 고속으로 달리고 있습니다. 기차길 위에 아이들이 놀고 있습니다. 기관사는 본체 만체 웃으면서 속력을 내고 있습니다. 치어 받치는 순간입니다.

"앗! 애들은 안보입니다. 전철은 마구 달립니다. 아~아~ 애들은 어떻게 되었을까요? 죽은 아이의 시체 두 개가 머리에 떠오릅니다.

전철이 소리를 내면서 통과하였습니다. 놀란 얼굴로 그 애들을 찾아 보았습니다. 그 애들은 인천행 기찻길 위에 있었고, 전철은 수원행이었습니다.

시계 공장

독일시계 공장에서 시계 부속품을 자랑한다고 그 견본 한 개를 스위스시계 공장으로 보냈다. 그 부속품은 머리카락 같은 바네젠마이었다.

"우리 공장은 이렇게……. 머리카락보다도 더 가느다란 바네젠마이를 만들고 있다"고 자랑했다.

스위스시계 공장에서 독일공장에 질세라 그 샘플에 원통형으로 구멍을 뚫어 그 안에 철선을 넣어서 그대로 독일 공장에 답장과 함께 보냈다.

문구멍

A "문구멍이 두 곳이나 뚫어졌구나? 춥기전에 종이로 막아야 겠다."
B "추위가 들어왔다가 나가는 구멍이니까 두 개쯤 구멍이 있어야죠."

저축 계산

택시요금 만큼 저금하고 싶어 걸어서 퇴근하기로 했다.
손을 들어 택시를 세웠다.
"××아파트까지 요금이 얼마 나오죠."
"5천원 가량 나옵니다."
"감사합니다. 그 요금만큼 저축하려고요."

화장실

A "화장실은 화장실인데 화장하는 사람은 하나도 없단 말이야?"
B "화장실은 화장실인데 화장품은 하나도 없단 말이야?"
A, B "적절한 좋은 이름은 없을까? 신사용, 숙녀용은 있어도 아이들, 꼬마용은 없단 말이야?"

신발명

"여보게, 신발명이 여기 있네."
"무엇인가?"
"소리 안나는 고무바가지 일세."
"그러면 남편들은 대환영이고, 놀라운 숫자로 팔리겠군."

이상한 나무

옛말 "열번 찍어 안 넘어가는 나무가 없다."
A "우리집 뒷산에 있는 나무는 22세 되는데 열번 찍어도 안 넘어

가네."
　B "이상한 일이군, 옛말은 틀림이 없는데……"

수상한 대화

"그것은 죽었다."
"그것은 허물어졌다."
"그 집은 헐린다."
"그것은 다 죽었다."
(바둑 두는 사람들)

무서운 이야기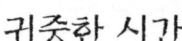

"물속에 넣어라!"
"성냥불로 화장해라!"
"때려서 죽여라!"
"숨통을 눌러라!"
"땅속에 묻자, 땅을 파라"
"이제 감쪽같이 끝났다."
(큰 쥐 한마리는 이렇게 땅에 묻혔다.)

귀중한 시간

식당 종업원 "불고기 삼인분 만오천원입니다."
남자는 구두끈을 매고 있고, 여자는 머뭇거리며 돈을 꺼낸다.
남자는 돈을 꺼내는 척 하다가 "내가 낼터인데……"하고 웃음짓는다.

풍자와 해학　　유머 보따리

귀중한 시간이었다.

김이 샌다는 해석

젊은 부부가 오래간만에 일요일날 극장예약을 하고 새옷, 새 양복으로 단장하고 두 시간만에 집문을 나서게 되었다.

집문을 나서자 마자 시골에서 장인이 올라와 찾아온 것이다. 큰 보따리를 들고 온 것이다. 젊은 부부는 인사도 제대로 못하고 어쩔줄을 모른다. 울고 싶은 두 젊은 부부의 심정······

눈물의 씨앗

아내 "여보! 술만 마시고, 쌀도 없고, 연탄도 없고······ 사랑이 무어냐고 물으신다면 눈물의 씨앗이라고 말하겠어요······"

남편 "뜨거운 우리 둘의 사랑으로 연탄대신 뜨겁게 합시다. 마음의 양식으로 쌀을 대신 합시다."

풍자와 해학 유머 보따리

황소의 귀

농부 "이러 이러"하니 소가 힘있게 간다.
농부 "어디여 어디여"하니 황소가 멈추었다.
선비 "황소가 말 잘 듣소. 말 안들으면 볼기를 보기좋게 때리시오."
농부가 선비에 귓속에다 대고 가만히 하는 말이
"소가 다 알아 듣습니다. 가만 가만히 이야기하여야 됩니다. 비위를 맞쳐야 됩니다."

자기 할 일

며느리가 시누이 뜨게질하는 것을 보고 "그렇게 뜨면 잘못한 것이요" 하고 주의를 준다.
시누이가 어머니보고 옷감을 잘못 재단한다고 주의를 준다.
어머니가 며느리보고 밥을 흘리면서 푼다고 주의를 준다.
할아버지가 어머니에게 생선 굽는 것이 너무 탓다고 주의를 준다.
손자 녀석이 할아버지의 담배불이 할아버지 바지를 태운다고 주의를 준다. 할아버지는 손자 녀석에게 아침에 오줌 싼다고 주의를 준다.
주의를 안 받는 사람은 한 사람도 없었다.

착 각

신혼부부가 호텔에 투숙했다.
호텔방은 비슷하고 문짝도 비슷했다.
신부가 바람쏘이러 나갔다가 방번호를 잊어버리고 비슷한 옆방문을 열고 들어갔다. 똑같은 구조이니까 침대 위에 올라가 한잠 잘 자고 깨어

풍자와 해학   유머 보따리

보니 옷이 없었다. 낯선 옷이 걸려 있었다. 옆에 잠들고 있는 신랑은 곤하게 자고 있다.

신랑 얼굴을 보니 좀 코가 크고 색깔도 흰 다른 사람이 아닌가? 그때서야 깜짝 놀란 신부는 신랑이 바뀐 것을 알았다.

황급히 방문을 열고 나가서 호텔 종업원에게 말하기를 "보이소. 보이소. 신랑이 바뀌였어요." 하고 외쳤다.

한편 신랑은 "신부가 행방불명이요, 신부가 없어졌다"하고 호텔 사무실에 전화 걸고 소란을 떨었다.

앗차! 잊었군

이삿짐을 싣고 트럭이 떠나고 있을 때

아버지 "아차! 책상 한개 안 싣고 그냥 왔구나."

어머니 "당신도 참! 정신 나갔구려. 내가 돈가방을 서랍 안에 넣어 두었는데……"

아들 "아이 참! 내 라디오도 서랍 속에 두었는데……"

미남자들

멋진 아가씨가 상점에서 물건을 팔고 있었다.

때마침 애꾸와 언챙이와, 절름발이가 생각이 달라서 이 상점에서 물건을 사게 되었다.

애꾸는 "눈에다 안대를 끼고 멋진 아가씨 보고 싶어 눈병이 났다"고 말하고,

언챙이는 "가아제 마스크를 입에 하고 멋진 아가씨 생각하다가 몸살 감기, 두통까지 났다"고 말하고,

절름발이는 "멋진 아가씨 보려고 황급히 오다가 넘어져서 발목을 삐었다"고 말하였다.

멋진 아가씨는 "내일 또 많이 팔아주세요. 감사합니다."하고 하루 수백번 되풀이 하는 인사말을 잊지 않고 있었다.

자기 만족

머리가 가려운 아이, 코를 한 자씩 흘리는 아이, 얼굴종기로 얼굴에 파리꼬이는 아이 등 세 아이가 마주 앉아 이야기하고 놀고 있었다.

한 아이는 머리만 긁적거리고, 또 하나는 코만 닦아내고, 또 하나는 얼굴만 손으로 바람내고 있었다. 이때 손버릇을 하지 말자고 공론했다. 만장일치로 손버릇을 안하기로 했다. 그러면서 이야기를 차례차례 계속하기로 했다.

머리 긁는 아이는 소뿔난 이야기를 하면서 두 손으로 마리를 여기저기 뿔난 시늉을 하면서 긁는척 했다. 또 한 아이는 활쏘는 이야기를 하면서 흘러나온 코를 팔뚝, 손등으로 닦아버렸다. 마지막 한 아이는 여름에 부채질하는 이야기를 하면서 파리모인 것을 손으로 쫓아버렸다.

음악의 상식

다방에서.
손님 "미완성 교향곡을 하나 들려주시오."
다방레지 "네! 지금 나오고 있는 것이 미완성 교향곡이에요."
음악실에서.
손님 "와루쯔곡을 하나 틀어봐요."
종업원 "지금 나가는 것이 와르쯔곡이에요."

풍자와 해학   유머 보따리

딴 생각

이발소 주인이 손님에게 말한다.

"우리 이발관에서 면도하시다가 베이게 되면 1cm에 만원씩 변상해 드립니다. 2cm이면 2만원 드리고요."

돈이 탐나는 손님 "그러면 나 3cm만 베이게 상처를 내주시오."

이태리 여성

장모와 장인될 사람이 사위될 사람을 앞에 놓고 말한다.

"내 딸은 여러가지 재주를 배웠네. 피아노, 바이올린, 승마, 테니스, 댄스, 스케이트, 자동차운전 등 다 할 줄 아네.."

신랑감 "저는 바느질도 하고, 밥도 지을 줄 알고, 빨래도 잘 배워 두어야겠습니다. 아마 제가 해야 될 것 같습니다.

후회하는 결혼

아내 "당신은 결혼한 것을 후회하고 있나봐. 예쁜 여자만 보면 얼이 빠진 사람같아."

남편 "아냐! 나는 예쁜 사람을 보면, 내가 왜? 결혼했나? 하고 한숨을 쉴 뿐이야. 결혼 했다는 것을 부인하는 것은 아냐!"

아내 "그럼 사랑없는 결혼이군요."

풍자와 해학   유머 보따리

상대가 없다

아! 마땅한 남자가 있어야지…….
　미남은 미끈하게 빠져버려 안 걸리고, 못난 남자는 마음에 없고, 돈 많은 사람은 시부모가 돈을 쥐고 있고, 내가 마음에 있는 것은 안 따라오고, 갈곳이 없어…….

세 가지 불신

못 믿을 것이 세 가지 있어.
한가지는 장사꾼의 미소.
둘째는 사기꾼의 미소.
세번째는 여자의 눈물.

질투심

의사가 환자를 진찰한다.
의사 "한달 동안 입원치료하면 완치되겠습니다."
환자 "××병원에서는 2주일이면 완치된다고 하던데요."
의사 "그래요? 그러면 일주일에 완치시켜 봅시다."
환자 "더 빨리 고칠 수는 없습니까?"

젊은 것이 매력

외판사원 "계십니까? 냉장고나 TV를 월부로 놓으세요."
주인아줌마 "안사요."

풍자와 해학　유머 보따리

외판사원 "주인 아줌마나, 어머니는 안 계셔요."
주인아줌마 "내가 주인이요."
외판사원 "난 딸인 줄 알았지요. 워낙 젊어 보이기에……."
주인아줌마 "내가 그렇게 젊어 보여요? 그 다리미 얼마에요?"

가정법원

가정법원 앞에서 이혼하려고 온 젊은 부부가 말 다툼을 하고 있다.
여 "약혼 당시는 나를 먹고 싶도록 사랑한다고 하더니 이제 와서는 이혼소송이요."
남 "그때 그냥 먹어버렸으면 이런 일도 없었을 것을 그냥……."

버려지는 시간

인생 도처에 버려진 시간이 많아……. 대합실, 대기실, 대기발령, 임신 10개월, 학교시절, 연애하는 시간, 신호대기중, 일렬로 줄서는 시간, 출근시간, 퇴근시간, 잠자는 시간, 잡담하는 시간, 싸움하는 시간, 다방에서 기다리는 시간, 화장하는 동안 기다리는 시간, 빚받으러 가는 시간, 이와같이 내버리는 시간이 너무나 많다. 인생의 시간은 얼마 안된다. 내 버려진 시간을 긁어 모아 써보자.

어머니의 기대

예쁜딸 "어머니 이 보따리 함께 들어요."
어머니 "그냥 두어라"
예쁜딸 "기차가 와요"

풍자와 해학 유머 보따리

어머니 "용감한 청년이 너에게 다가와서 짐보따리를 들어준다고 할터이니 가만이 서 있거라."

잘했어 ~ 라이코스 ~

한 사내가 종이를 꺼내어 적었다.
'자동차'
그러자 개 한 마리가 나타나선 번개처럼 달려가더니 자동차 한대를 질질 끌고 들어왔다.
"잘~했어! 라이코스~!"
사내는 재밌다는 표정으로 다시 종이에 적었다.
'엄정화'
물론 그 개는 번개처럼 달려가서 목욕하고 있는 엄정화를 질질~끌고 돌아왔다.
"잘~했어! 라이코스~!"
사내는 모든 것을 다 가진 느낌이었다. 순간, 사내의 머리 속에 메아리 치는 이름이 있었으니, 그 이름은 바로 '어머니'.
사내는 종이에 적었다.
'고향에 계시는, 사랑하는 우리 어머니'
물론 이번에도 그 개는 번개처럼 달려갔다.
그런데 이상하게도 개가 돌아오지 않는 것이었다.
그렇게 며칠이 지난 후, 고향에서 편지가 도착했다.
"니가 철들었구나. 엄마, 몸보신도 시켜주고……."

풍자와 해학   유머 보따리

소년의 아빠?

미래를 내다볼 수 있는 초능력 소년이 있었다. 어느 날 밤, 소년이 기도를 하면서 이렇게 끝내는 소리가 들렸다. "엄마, 아빠, 할머니에게 축복을 주소서. 할아버지는 안녕." 다음 날 그의 할아버지는 심장마비로 죽었다.

몇 주일 후, 소년은 기도를 했다. "엄마, 아빠에게 축복을 주소서. 할머니는 안녕." 다음 날 가엾은 할머니는 길을 건너가다가 버스에 치어 죽었다.

한 달 가량 뒤, 소년은 기도를 하면서 말했다. "엄마에게 축복을 주소서. 아빠 안녕."

그의 아버지는 공포에 질렸다. 그는 무장 경호원이 운전하는 장갑 현금수송차를 고용하여 천천히, 그리고 아주 조심스럽게 직장에 나갔다. 그는 일찍 그렇지만 아주 조심스럽게 집으로 돌아왔다.

집 앞에서 그는 아내의 마중을 받았다. 아내는 말했다. "여보, 오늘 무슨 일이 일어난 줄 아세요? 아주 끔찍한 일이에요. 우유배달부가 뒷 베란다에서 죽었어요."

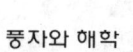

아빠인가?

산달이 며칠 남지 않은 쌍둥이가 엄마 뱃속에서 도란 도란 대화를 나누고 있을 때였다. 갑자기 형이 발끈하더니 말하는 것 이었다.
"앗! 누가 온다!"
"누구~ 아빠인가?"
그러자 형이 예리한 눈빛으로 고개를 저으며 말하는 것 이었다.
"아냐~ 손님이야. 봐! 모자를 쓰고 있잖아."

전화 이야기

미국의 과학자들이 지하 50m를 파고 내려가다가 작은 구리 조각을 발견했다. 그러자 미국은 2만년전에 전국적인 전화망을 가지고 있었다고 발표했다.

이에 자존심이 상한 일본에서는 과학자들을 시켜 1백m를 파보라고 했다.

일본 과학자들은 작은 유리 조각을 발견했다. 그런 다음 일본은 2만 5천년전에 전국적인 광통신망을 가지고 있었다고 발표했다.

이에 화가 난 한국, 과학자들을 시켜 300m를 파 내려갔으나 아무것도 발견하지 못했다. 그러자 한국은 다음과 같이 발표했다.

"3만년전에 휴대 전화 통신망을 가지고 있었다"고

우리 해군의 3대 방위 시스템

1. 택시기사

철저히 민간인으로 위장하고 택시기사로 살아간다. 하지만 이들

풍자와 해학   유머 보따리

218

은 주로 해안도로를 자신의 택시로 달리면서 해안경비의 임무를 띠고 있다. 혹시 잠수함이나 이상한 선박들이 나타나면 발견 즉시 인근 파출소로 신고해 자신들의 직속부대인 해안경비대 등의 출동을 명령하게 된다.

2. 꽁치잡이 그물

외관상 목적은 꽁치잡이지만 극비리에 북한 잠수정을 잡기 위한 목적도 감추고 있다. 단순한 그물이라고는 하지만 일단 잠수함이 걸리면 마구 뒤엉켜 움직일 수 없게 만든다.

3. 어선

평범한 어부들이 탑승한 것처럼 보이나 대한민국 해군에서 고도의 특수훈련을 받은 요원들이 탑승한다. 같은 특수부대원인 택시기사와는 달리 자신들의 허름한 고기잡이 배로 해상을 순찰하며 극비리에 깔아놓은 꽁치잡이 그물을 확인하는 등의 기밀업무를 수행한다.

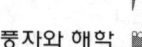
풍자와 해학   유머 보따리

자기야! 바로 누워

가슴이 작아 고민하는 여자가 있었다. 그 여자가 사랑하는 사람을 만났는데 차마 가슴이 작다는 얘기를 못하는 거였다. 그래서 결혼을 하고 신혼여행을 갈 때까지 비밀로 했다. 드디어 첫날밤.

여자는 불을 끄고 누워서 두근거리는 마음으로 생각했다.

"이 남자가 내 가슴이 너무 작다고 실망하면 어떡하지?"

드디어 신랑이 부드러운 손길로 그녀를 쓰다듬다 그녀의 가슴에서 손이 멈췄다.

그러더니 잠시 침묵이 흐른 후 어둠속에서 이렇게 말했다.

"자기야! 똑바로 누워. 왜 엎드려있어?"

남편이 밤에 한짓

술을 마시고 늦게 들어온 남편이 볼일을 본다고 나갔다가 들어와 아내에게 말했다.

"우리집 화장실은 편하기두 하지. 문만 열면 불이 켜지니 말야!"

그러자 아내가 화를 내며 소리쳤다.

"당신 또 냉장고에다 쉬했지 !!!!"

세계 경찰 콘테스트

세계각국의 경찰수사력을 겨루는 세계경찰콘테스트가 한국에서 열렸다.

테스트 방식은 야산에 쥐를 한 마리 풀어놓고 그것을 다시 잡아들이는 데 걸리는 시간을 측정하는 것이었다.

먼저 중국 경찰은 이틀만에 그 쥐를 잡아왔다. 수천명의 경찰을 동원한 인해전술이 비결이었다.

다음은 구소련 경찰이 출발해 하루만에 쥐를 생포했다. 다른 이웃 쥐에게 추적장치 및 도청장치를 달아 그 쥐의 행적을 추적한 것이다.

이윽고 미국의 FBI가 출동해 단 두시간만에 잡아왔다. 방법은 열 추적장치 등의 첨단기기를 사용했기 때문이다.

드디어 주최국인 한국경찰 대표 곰바우가 출전했다.

그런데 반시간만에 산에서 곰 한 마리를 데리고 돌아왔다. 곰은 쌍코피를 흘리고 눈탱이가 밤탱이가 되어 엉망진창이었다.

심판관이 곰바우에게 쥐는 어디 있냐고 물었다. 그랬더니 곰바우가 곰 옆구리를 팔꿈치로 툭 치자 곰이 깜짝 놀라며 하는말,

『내가 쥡니다. 꼴은 이래도 내가 쥐라고요. 하늘에 맹세코 나는 쥐에요.』

풍자와 해학   유머 보따리

비아그라 선문답

문 : 비아그라를 먹게 되면 되도록 빠르게 삼켜야 한다. 왜 그럴까?
답 : 그렇지 않으면 목이 뻣뻣해질 테니까.
문 : 새로 나온 비아그라 바이러스의 특징은?
답 : 플로피 디스크를 하드 디스크로 바꿔준다.
문 : 비아그라를 가득 실은 트럭이 한강에 빠졌다. 무슨 일이 일어났을까?
답 : 한강 다리의 교각들이 상판을 뚫고 일어섰다.

바람난 아내

결혼한 지 2년이 안되는 꺼벙이는 요즘 눈이 뒤집힐 지경이었다. 아내가 다른 남자와 놀아난다는 소문이 자자했기 때문.
그래서 확인을 해보기 위해 거짓으로 출장을 간다는 말을 했다.
밤이 돼 자기집 담을 뛰어넘어 침실로 가보니 아내가 다른 남자와 자고 있는 게 아닌가.
소문이 사실임을 확신한 꺼벙이는
"내 이것을 그냥……"
그가 막 현관으로 달려가려는 순간,
누군가 그의 목덜미를 잡고 하는 소리.
"어디서 새치기를 하려고. 줄 서!"

풍자와 해학　　유머 보따리

판 권
본사
소 유

유머공화국의 **웃음보 터진 대통령**

2001년 6월 25일 인쇄
2001년 6월 30일 발행

엮은이/ 편 집 부 엮음
펴낸이/ 최   상   일
펴낸곳/ **태 을 출 판 사**
서울특별시 강남구 도곡동 959-19
등록/ 1973년 1월 10일(제4-10호)

©2001, TAE-EUL publishing Co., printed in Korea
잘못된 책은 구입하신 곳에서 교환해 드립니다.

■주문 및 연락처

우편번호 100-456
서울특별시 중구 신당6동 52-107(동아빌딩 내)
전화/2237-5577 팩스/2233-6166

ISBN 89-493-0138-5   03800